青岛理工大学创新教育丛书

总主编 徐科峰

QINGDAOLIGONG
DAXUE
CHUANGXIN
JIAOYU
CONGSHU

创新创业通识

主 编 李忠晓 云乐鑫

山东人民出版社·济南

国家一级出版社 全国百佳图书出版单位

图书在版编目（CIP）数据

创新创业通识 / 李忠晓，云乐鑫主编 . -- 济南：
山东人民出版社，2019. 8（2020.8重印）
ISBN 978 - 7 - 209 - 11426 - 4

Ⅰ . ①创… Ⅱ . ①李… ②云… Ⅲ . ①大学生—创业
Ⅳ . ①G647. 38

中国版本图书馆 CIP 数据核字（2019）第 104141 号

创新创业通识
CHUANGXIN CHUANGYE TONGSHI
李忠晓　云乐鑫　主编

主管单位　山东出版传媒股份有限公司
出版发行　山东人民出版社
出 版 人　胡长青
社　　址　济南市英雄山路 165 号
邮　　编　250002
电　　话　总编室（0531）82098914
　　　　　市场部（0531）82098027
网　　址　http：//www. sd - book. com. cn
印　　装　日照报业印刷有限公司
经　　销　新华书店

规　　格　16 开（185mm ×260mm）
印　　张　13
字　　数　220 千字
版　　次　2019 年 8 月第 1 版
印　　次　2020 年 8 月第 2 次
印　　数　5001—8500
ISBN　978 - 7 - 209 - 11426 - 4
定　　价　35. 00 元
如有印装质量问题，请与出版社总编室联系调换。

《创新创业通识》编委会

前　言

　　青岛理工大学十分重视创新创业教育，曾入选共青团中央"全国大学生创业示范园"，荣获教育部"全国首批创新创业典型经验高校""首批深化创新创业教育改革示范高校"等称号。经过多年探索与发展，青岛理工大学在双创教育上积累了丰富的经验。

　　为了更好地实现专创融合，提高创业教育水平，经过与山东人民出版社以及编写团队的多轮沟通，我们策划编写了一套能够体现青岛理工大学特色，并对地方院校具有针对性的教材。本书正是其中之一。

　　本书第一章主要阐述了创新创业与大学生发展的关系，包括创业者群体的大众化、创新与创业的关系、创新创业与大学生职业发展的关系。目的是让学生认识到创新与创业的区别，能够将创业作为一个职业选项，认识到创新创业有助于提升大学生的就业能力。

　　第二章至第四章主要介绍了创新的基础知识。第二章介绍了创新的种类与特点，包括创新的内涵、类型、基本属性、特征和途径。第三章主要讨论了创新思维与创造力，包括创新思维的内涵、影响因素、形式等。第四章主要阐述了创新的过程模型、创新方法的内涵以及创新方法在群体创新中的应用。

　　第五章至第七章主要讨论了创业的相关知识。第五章介绍了创业的基本问题，包括创业、创业者和商业模式三个方面。第六章探讨了创业的关键活动，包括团队组建、机会识别与开发、资源获取三个方面。第七章主要介绍了创业计划的相关内容，包括创业计划的内容、结构以及创业计划书的撰写与展示。

　　第八章至第十章主要探讨了创新创业"知行"问题。第八章主要探讨了创新创业的成本收益问题，包括创新创业活动的成本、收益以及二者的平衡问题。第九章主要探讨了创新创业的知行准则，包括基于奏效逻辑、精益创业、企业家精神和

"互联网十"等不同理念下的准则。第十章主要探讨了创新创业的价值创造理念以及社会创业观。

第十一章主要探讨了高校创新创业教育与实践问题，分别选择清华大学、青岛理工大学、浙江工贸职业技术学院三所不同层次的高校展示了创新创业教育的情况。

本书在写作和出版过程中得到了山东人民出版社的大力支持，李楠编辑为此书的梳理加工倾注了心血。在此，我谨代表团队全体成员对各方面的支持表示由衷的谢意。

由于时间和学识等多方面的限制，书中仍存在一定的不足之处，敬请读者批评指正。

李忠晓

2019 年 6 月

目 录

第1章 创新创业与大学生发展

学习目标

了解创新创业的内涵与时代意义；

认识创新创业与大学生职业发展的关系；

自觉培育和提升创新创业素质和能力。

▶ 引例

一本海归日记引发的思考：为什么创业

上周末，我在书店遇到海归小苗的时候，他正奉着一本名为《创业是条不归路：海归 GEEK 的创业日记》的书看得如痴如醉。这虽然不是小苗读的第一本创业类书籍，却能让他觉得眼前一亮。"这是一本海归创业者的创业日记，在传授技巧之余更注重对当前创业的反思。"小苗用手指摩挲着书名中的"不归路"三个字，"我觉得书中对创业意义的反思很深刻，值得所有人思考。"

知乎上关于"为什么要创业"的回答中，有 356 位网友赞同"创业就是一个更为积极、更为明确的工作态度"，314 位赞同"为了不想在回忆过去时一片空白，为了不想因为放弃而后悔，为了不想虚度光阴"，201 位赞同"为了帮助别人，帮助社会，甚至改变世界"，也有网友表示"因为不想被老板约束，所以选择自己做老板"，"喜欢名片上印着'总经理'的感觉"，"想要灵活而自由的时间"。

创业的动因选择并无高下好坏之分，关键在于这个动因是否能够帮助创业者走得更远。创业中会有无数变量，创业者在创业的第一天就会遇到。几乎没有谁能够完全按照之前规划的轨迹发展，若没有坚定的信念，创业者也终会和企业一起被现实的洪流吞没。

"创业者应当在每天起床后执着于一个目标，并且要努力让它成为现实，而不仅是到处游荡，像是在酒吧与人聊天。"Instagram（一款图片分享应用程序）的创始人之一迈克·克里格（Mike Krieger）在斯坦福大学讲公开课时说道，"认为创业只是因为不想有一个老板，这不是个足够好的创业理由。"

《创业是条不归路：海归 GEEK 的创业日记》的作者范真是一位留美硕士，他这样描述自己的履历："待过微软，混过硅谷，做过天使投资人，现在是一名普通的创业者。"范真在记录创业的重重困难时，也在不断地对企业和社会进行反思。

书中有这样一段话曾让无数读者感动："……创业者缺乏很多东西，其中最重要的就是对意义的追求。有了这个，你就有了为这个社会创造价值的机会，在追求意义、实现意义的过程中，你就能不断学习，超越自己。只要活下去，你每天就能离这个意义更近一步。这样的创业者，失败的概率接近于零。"

请问：你是如何看待创业的呢？

1.1 创业者群体大众化

1.1.1 创业的含义

概括地说，创业的含义有狭义和广义之分。狭义的创业是指开创新的企业。当下人们所说的创业多是指狭义的创业，即创办一家企业。创业是谋划、创建和运营企业的过程，比如创建一家提供产品或服务的企业的过程。创业的人有能力且愿意谋划、组织和管理一家风险和利益并存的创业企业。广义的创业是指开创新的事业，除了强调创业行为外，更强调创业行为所体现的创新创业精神对于创业行为的重要性。相比狭义的创业，广义的创业涵盖的范围和深度都有所扩展。创业是一个寻找机会、开发产品、利用资源、制订和实施计划的不断试验和往复循环的过程，这个过程包含很多通用的思考方法、推理的行动和方法。这个定义不仅仅意味着创办新企业、筹集资金和提供就业机会，还包含孕育人类的创新精神和改善人类生活的目标。

在当今的创业大潮下，人们更多关注的往往是创建企业，每天苦于寻找创业机会、创业资源，投入大量的时间和金钱到创业实践中，而忽视了对于影响创业本身的创业精神和创业技能的学习。有些人认为创业精神和技能是天生的，是不能讲授的。著名管理学家彼得·德鲁克（Peter Drucker）曾说过，创业不是什么魔术，它既不神秘，也与基因无关。创业是一门学科，同其他学科一样，创业者是可以通过学习掌握的。越来越多的创业者参与到创业课程的学习中，世界范围内也有越来越多的大学开设创业类课程。随着竞争的加剧和信息技术的普及，未来的创业家不再是纯粹经验型的创业者，而是理论和实践兼备者。因此，在当今"大众创业、万众创新"的浪潮下，创业者需要做到知行合一，理论联系实际，既要参与创业实践，也要注重对创业基本理论和创业精神的学习。

1.1.2 创业者

著名经济学家熊彼特（Joseph A. Schumpeter）认为创业者应当是创新者。我们认为，创业者是善于发现和把握机会并由此创造出新颖的产品或服务以满足社会需求和实现其潜在价值的人。创业者是一种主导劳动方式的领导者，是一种需要具有使命、荣誉、责任能力的人，是一种组织和运用服务、技术、器物作业的人，是一种具有思考能力、推理能力、判断能力的人，是一种能使人追随并在追随的过程中获得利益的人，是一种具有完全权利能力和行为能力的人。在创业过程中，创业者必须努力，付出时间、精力和金钱，承担物质、精神上的风险，才有可能获得物质上的回报、心理上的享受和实现自我价值。创业者可以开创新的职业，提供新的社会服务，创造新的就业岗位，从而实现个人价值。比如，电子商务、网站运营等新兴行业、职业便为信息化社会中人们的社会经济生活提供了新的选择和更多便利，由此也成就了一批新兴行业的成功创业人士。

随着经济的发展，投身创业的人越来越多。从我国《科学投资》杂志对国内上千例创业者案例的研究来看，国内的创业者基本可以分成以下两种类型：

（1）生存型创业者

生存型创业者的创业动机就是生存，例如下岗工人、因为种种原因而不愿困守乡村的农民，以及刚刚毕业还未找到工作的大学生，或难以支付学费、生活费的在校大学生。

（2）主动型创业者

主动型创业者又可以分为两种，一种是盲动型创业者，一种是冷静型创业者。前一种创业者大多极为自信，做事冲动。这种类型的创业者，大多喜欢投机，而不太喜欢脚踏实地地做事，故很容易失败。冷静型创业者是创业者中的佼佼者，其特点是谋定而后动，不打无准备之仗，或是掌握资源，或是拥有技术，一旦行动则成功概率很高。

1.1.3 我国知识经济发展对创业的推动

我国著名学者陈世清先生在其所著的《经济领域的哥白尼革命》中，第一次提出了
"知识经济时代"的概念并对其进行了系统的阐述：知识经济时代是指把知识的运营作为经
济增长的方式、知识产业成为龙头产业、知识经济成为新的经济形态的时代。

在企业管理领域，著名的创业学家拉里·法拉尔曾经在《创业时代》一书中指出：
"无数企业的兴衰告诉我们，现行的管理经验并非企业早年得以增长的原因，而恰恰是
它们衰败的原因，企业成功的真正原因正是所谓的创业精神。""是创业精神，而非管理
技术，驱动着所有公司的成功和高增长。"因此，创业具有增加就业岗位、促进创新、
创造价值等功能，也是解决社会问题的有效途径之一。

通过对知识经济发展进行分析，我们可以了解创业热潮形成的深层次原因，认识经
济转型与创业热潮的内在联系，明确创业活动对经济与社会发展的贡献。

当今，全球创业活动比以往任何时刻都更加活跃，国家和地区之间的竞争越来越聚
焦于创业水平与创业成果上，创新、创业扮演了科学技术转化为现实生产力的桥梁的角
色，成为经济发展、社会进步的重要推动力。

创业不是普通人的幻想，而是每个社会成员改变自己命运、追求卓越生活的途径，
是每个创业者不断成长的方式，是一个国家获取核心竞争力的关键。

当今时代的一个显著特征是知识成为比土地、劳动、资金具有更重要意义的关键性
生产要素，与此同时，物质资本地位相对下降，人力资本地位相对上升，而创业者则是
稀缺的知识和人力资本的拥有者与开拓者，因此经济转型是创业热潮兴起的根本原因。
中国的经济发展，需要更多的创业者、更多的创业型组织，需要一个创业型的经济环
境。大学生应该了解创业，至少可以将其看作一种职业生涯的规划方式。

1.2 创新与创业的关系

创业是一项具有挑战性的社会活动，是一种对创业者综合能力的全方位考验。2013
年，李家华等人将创业者必备的能力总结为创新能力、学习能力、合作能力、经营管理
能力、分析决策能力以及人际交往能力。创新被认为是人类才能的体现，是世界进步的
动力和社会发展的源泉。英文的创新（innovation）一词，起源于拉丁语，有三层含义：
更新、创造新的东西、改变。1912 年，经济学家熊彼特在德文版《经济发展》一书中最
早提出"创新"一词。他认为创新是建立一种新的生产函数。有关创新的内涵将在第二

章详细论述。

创新、创业尽管有各自明确的研究边界，但也有着密不可分的内在联系。很多成功的创业离不开创新，只有具有创新性的创业才是具有生命力的创业。如果说创新是创业的动力，那么创造力则是创新、创业的动力。在信息化、经济全球化背景下，二者的相互作用和集成融合，对于丰富我国创新、创业的理论与实践，对于构建创新型国家，推动企业进行技术创新，推动高等院校深入开展创新、创业教育，培养创新创业型人才，具有重大且深远的影响。

（1）创业在本质上是一种创新性实践活动

无论是何种性质、类型的创业活动，它们都有一个共同的特征，即创业是主体的一种能动的、开创性的实践活动。

（2）创业是一个从无到有的创新过程

创业的核心是创办企业，即创业者创办一个新的生产或服务性企业。通过理论或实践创新推出新的精神成果和物质产品，是创新实践的标志性内涵，正是在这样的意义上，创业从本质上体现了创新的特质。是否创办企业或者创办企业是否成功，是判断创业与非创业、创业活动成功与创业活动失败的基本标志。

（3）创业是一种推陈出新的社会实践活动

对原有的思想理念、制度文化和科学技术进行革新、改造、突破、超越乃至淘汰，是一切创新活动共有的特质，而创业正是具有这些特质的一种实践活动。现代社会的创业，实际上是一种充满着激烈竞争的社会实践活动，这种竞争的一个具体表征就是新创企业不断地以新的产品和服务方式取代那些产品和服务相对落后的企业。

（4）创业是主体能动性的实践行为

主体能动性是一切创新活动的内在动因，创业过程中的主体能动性充分体现了它的创新性特征。首先，创业是一种高度的自主行为，在创业实践的全过程中，主体的主观能动性将会得到最充分的发挥和张扬。其次，主体的素养和能力等主体性的创新要素是决定创业活动成功的关键。

（5）创新是创业的源泉、是创业的本质

创业者在创业过程中需要具有持续旺盛的创新、创业意识，才可能产生富有创意的想法或方案，不断寻求新的模式、新的出路，最终获得创业成功。创新的价值在于创业。从某种程度上讲，创新的价值就在于将潜在的知识、技术和市场机会转化为现实生产力，实现社会财富增长，造福人类社会。而实现这种转化的根本途径就是创业。

（6）创新是创业的基础，创业推动着创新

总体来说，科学技术、思想观念的创新，在促进人们物质生产和生活方式变革的同时，带来了新的生产、生活方式，进而不断地为整个社会提供新的消费需求，这是创业活动源源不断的根本原因。现代创业活动依赖于科学技术、生产流程和经营理念创新支持下的产品和服务创新，正是在这样的意义下，创新成为一批又一批新企业诞生的内在支撑和根本保障。

我们不难发现，创新与创业有着各自明确的研究边界，创新不等同于创业，创业也不等于创新：创新是建立一种新的生产函数、引进生产要素的"新组合"，而创业则是这种"新组合"的市场化或产业化的实现过程。但创新与创业并非相互独立甚至对立，而是有着不可分割的内在联系：创业的关键在于创新，创新是创业的源泉和社会价值的实现过程，二者的关系表现为相互交叉、渗透与集成融合。

── 案例推送 ──

联邦快递——创新思维造就的世界500强

联邦快递是世界闻名的快递公司。公司成立于1973年，全球总部设在美国田纳西州的孟菲斯，在中国香港、加拿大多伦多，以及比利时布鲁塞尔设有区域总部。

目前，联邦快递在全球拥有大约148000名员工，大约1200个服务中心，超过7800个授权寄件中心，435000个投递地点，45000辆货运车，662架货机，服务机场覆盖全球365座大小机场，服务范围遍及全世界210多个国家，日平均处理的货件量多达330万份。联邦快递以其无可比拟的航空路线权以及强大的信息技术基础设施，在小件包裹速递、普通递送、非整车运输、集成化调运系统等领域占据了大量的市场份额，成为全球快递运输业的泰斗，并被《财富》杂志评为全球500强公司。

联邦快递公司的创立者、总裁弗雷德·史密斯（Fred Smith）的父亲是位企业家，他创立了一家经营效益很好的巴士公司。20世纪60年代，弗雷德在耶鲁大学读书，曾撰写过一篇论文，提出一个超越传统上通过轮船和定期的客运航班运送包裹，建立一个纯粹的货运航班，用以从事全美国范围内的包裹邮递的设想（一个开创性的创业设想——创意）。

弗雷德在论文中提出，在小件包裹运输上使用"轴心概念"，即利用寂静的夜晚通过飞机运送包裹和邮件。可是老师并未认可这个创新理念，这篇论文只得了个C。毕业后弗雷德在可行性研究的基础上，把从父亲那里继承的1000万美元和自己筹措的7200万美元作为本金，创立了联邦快递公司。

实践证明：弗雷德的轴心概念的确能为小件包裹运输提供独一无二的、有效的辐射状配送系统。弗雷德的出奇之处不仅在于小件包裹运输采纳轴心概念的营销模式创新，还在于他能够把人们忽略了的时间利用起来，把本来是低谷的时间段变成一种生意的高峰期。

田纳西州的孟菲斯之所以被选为公司的运输中央轴心所在地，一是因为孟菲斯坐落在美国中部地区，能为联邦快递公司提供一个不拥挤、快速畅通的机场；二是因为孟菲斯气候条件优越，机场很少关闭。正是由于摆脱了气候对于飞行的限制，联邦快递的竞争潜力才得以充分发挥。每到夜晚，就有约330万份包裹从世界各地的210多个国家和地区起运，飞往田纳西州的孟菲斯。正确的选址还对其安全记录有着重大贡献，在过去的30多年里，联邦快递从来没有发生过空中事故。联邦快递的飞机每天晚上将世界各地的包裹运往中央轴心孟菲斯，在次日上午运送到目的地。从来没有人创造过这种过程，以如此简单而且高效的方式来运送对时间有高要求的包裹。

弗雷德专门用于包裹邮递的货运航班，为全美国以及后来为全世界客户提供了方便、快捷、准时、可靠的服务。联邦快递发展迅速，从创业到成长为世界500强企业只用了20多年时间。

1.3 创新创业与大学生职业发展

1.3.1 创业能力对个人职业发展的意义

对于个人而言，职业选择是否适当将影响其未来事业的成败以及一生的幸福与否；对社会而言，个人择业是否适当决定着社会整体人力供需的平衡与否。如果每个人都能够选择一个适合的职业，那么不仅个人有发展前途，社会也会稳定发展。因此，职业选择与个人和社会都有极大的关系。

如今，创业已经成为大学生职业选择的一种重要方式。创业是一个实践性很强的过程，要求创业者不仅拥有创业精神、创新意识，还应具备足够的创业能力。创业能力强，则创业成功率高。

在大学生选择了创业这条路后，他就成为一名创业者，就需要自我管理、自我决策、自我规划，同时要不断提高创业能力。原则上说，创业者应该把握三个主要内容。

首先，自己能够做什么。一个创业者只知道自己想干什么，这是不够的，更重要的是，应该知道自己能够做什么。当然，这也是相对而言的，因为一个人的潜能是逐渐展现的。

其次，社会需要什么。一个人在明确自己想做什么、能做什么的同时，还应考虑社会的需求是什么。如果一个人所选择的创业领域既符合自己的兴趣，又与自己的能力相一致，但不符合社会的需求，那么这种创业的前景无疑是黯淡的。

最后，自己拥有什么资源。要创业，就必然要依靠各种各样的资源。创业者应该清楚地审视自己所拥有或能够使用的一切资源是否足以支撑创业的启动，以及创业成功之后企业的可持续发展。这里所说的资源，不仅指资金，还包括社会关系，即通过人际关系所带来的各种具有支持性的资源。

任何一个创业成功人士，在成功之前都是普通人，但与一般人不同的是，他拥有创业能力。创业能力是可以在实践中提升和培养的，而提升和培养的途径就是学习和实践。

1.3.2　创业与大学生的专业以及就业

（1）创业教育与专业教育结合

高等教育以专业教育为主，大学生所学的专业往往是他们最擅长的，因此，大学生创业如果能够结合所学专业，将有利于创业实践走向成功。大学生创业最好还是从熟悉的行业做起，把自己在大学期间学到的专业知识直接应用于自己的创业实践，这样可以提高成功的概率。

对于任何一个专业的大学生来说，充分利用自己在学校期间所积累的能力优势、人脉资源，在一些资金需求不大、项目周期不长、人手配备要求不高的项目上开展自己的事业是非常重要的。大学生在选择创业项目时应考察自身特点，尽可能地结合专业来谨慎地选择创业项目。

案例推送 ────●

大学生创业典范——桌游《三国杀》

　　风靡全国的桌游《三国杀》，其创始人黄恺正是一个标准的大学生创业者。黄恺于2004年考上中国传媒大学动画学院游戏设计专业，在大学时期就"不务正业"，模仿国外桌游设计出了具有中国特色、符合国人娱乐风格的桌游《三国杀》。2006年10月，读大二的黄恺开始在淘宝网上出售《三国杀》，没想到大受欢迎。毕业后的黄恺并没有找其他工作的打算，而是借了5万元注册了一家公司，开始做起《三国杀》的生意。2009年6月底，《三国杀》成为被移植至网游平台的一款桌上游戏。2010年，《三国杀》正版桌游售出200多万套。

　　粗略估计，《三国杀》迄今至少给黄恺带来了几千万元的收益，并且随着《三国杀》品牌的发展，收益还会继续增加。

　　创业成功有主客观诸多方面的因素，而创业者的所学专业仅仅是诸多因素中的一个。一个人创业的最佳状态就是自己的眼光、胆略、专业等主观因素和天时、地利、人和等客观因素的完美结合。

　　创业实践中，机遇和环境因素的作用一点儿也不亚于专业因素，若一味地强调专业，则很可能会让自己失去某些机遇或者陷入作茧自缚的困境。

　　创业与专业的关系应该理解为：创业根植于专业，专业服务于创业，二者相互融合。因此，不能一味地要求大学生创业必须结合所学的专业，而是要为大学生创业者的创业活动提供适合的专业支撑。

　　诚然，众多创业成功者的创业活动与他们所学的专业并没有直接的联系，但"百度"的成功得益于李彦宏在大学学的信息管理专业，"股神"巴菲特的成功同样离不开他大学时所学的经济与投资专业。

　　（2）创业带动就业

　　近年来，国家从财政、税收、金融、就业服务等多方面加大支持力度，鼓励高校毕业生自主创业。创业带动就业的作用是必然的，也是客观的。正确认识创业与就业的关系，能够真正强化创业教育的作用。

　　创业带动就业，实现岗位倍增。国家"十三五"规划纲要和政府工作报告进一步阐述并强调了创新创业的内涵与意义，在政府的倡导下，"大众创业、万众创新"成为当今中国经济和社会发展的最强音符之一。今后一段时间，我国每年就业岗位将有 1300 万～1400 万的缺口。而高校毕业生每年都要增加五六十万人，2017 年高校毕业生已经达到 790 多万人，未来一段时间内就业形势依然十分严峻。

解决就业问题的关键之一就是创造更多的就业岗位，而创业是促进就业机会不断增加的动力。在我国，85% 的就业岗位来自非公有制企业，大多数非公有制企业都是由创业者自主创业产生的。大学生作为整个就业大军中的知识群体，应发挥自身优势，创办自己的企业，这样不仅可以实现自身就业，获取丰厚的回报，同时也创造了更多的工作岗位，帮助更多的人就业。

创业带动就业，实现经济发展。近年来，党和国家把加快产业结构升级、提高科技成果转化能力作为一项重要的经济发展战略，鼓励和支持更多的优秀大学生创业，并以自己所学的高新技术知识和创新潜能，通过创办中小企业和研发新产品等途径，促进和加快科技成果直接转化，加快产业结构升级，实现我国经济的高速发展。如果把我国目前只有 6%～8% 的科技成果转化率提高 1 倍，甚至达到现在北京中关村 20% 的水平，我国的产业结构调整和升级将达到一个空前水平，经济发展方式转变的目标也将提前实现。

创业带动就业，实现社会进步。通过创业实现更多人就业，既保障了人们的基本生活，又丰富了人们的生活内涵，提高了人们的生活品质。在创业过程中，创业者个人不仅可以获得丰厚的财富回报，同时也增加了就业岗位，使更多人获得共同富裕的机会，降低了社会的失业率。所以，创业还可以促进社会的和谐稳定，推动社会的进步。

1.3.3 大学生创业情况

大学生创业有三种模式：兼职型创业、休学创业和毕业后创业。从对创业者个人发展的有利性、对社会经济发展的有利性和可行性方面评价，目前我国大学生创业最普遍的模式是毕业后创业。

我国大学生选择的创业形式主要有三种：

（1）自雇型创业

所谓自雇型创业，是指大学毕业生创办一个自雇型企业，成为自雇型企业主。该企业的业务与大学生所学专业没有必然的联系。自雇型企业的主要特点是微型，一般是以个人或家庭为经营主体。

（2）专业型创业

专业型创业主要包括两种形式：一是大学毕业生创办一个与所学专业相关的公司，

进行供、产、销和服务性的商务活动，主要服务对象是专业内相关企业或个体生产者，即企业服务型公司；二是面对最终消费者提供专业性较强的服务性业务，如医科学生开办为医院提供医疗器械、敷料、药品等医疗物品的供应公司，工科学生开办为工业企业提供机械设备、原料、辅料、助剂、器材、器具、备件等工业用品的供应公司，艺术专业学生开办为艺术团体或工作者、学生提供美术用品、音乐器材等的供应公司。

（3）产品或营销创新型创业

产品或营销创新型创业是指大学生拥有某一产品、技术或工艺的独立知识产权、专利，创办生产或销售该产品的企业。产品或营销创新型创业有两种主要类型：一是用创新的技术或工艺开发和生产新一代产品；二是以创新的营销模式创办营销公司，如集成化电脑营销模式。

▶ **重要概念**

创新；创业；创业者；创新精神；大学生创业。

▶ **思考题**

1. 什么是创业？你想创业吗？列举一下你身边的创业机会。

2. 创业者应该具备哪些素质？假如你要创业，你觉得自己还欠缺哪些方面的素质，该如何培养？

3. 欲望、忍耐、眼界、明势、敏感、谋略、胆量、与他人分享的愿望、自我反省的能力、自信、坚忍、冒险精神、行动能力、商业头脑、学习能力，这些词语是否能给你一些帮助呢？

第2章 创新的种类与特点

▶ 引例

拜耳的创新

2014 年是拜耳医药保健大有作为的一年。作为一个跨国企业，拜耳聚焦生命科学，在中国收购滇虹药业，收购默沙东的 OTC 业务，展现了领军保健业务的抱负。

企业发展必须以创新为核心。拜耳重视创新研发，在研发上投入巨资，2014 年研发投入 32 亿，其中 61% 用于医药健康，39% 用于作物保护。

国内通常的看法是，基础研究应由政府出资金，由科研院所进行。与国内通常的看法不同，拜耳非常注重基础研究、中期研发的管道建设。戴克斯表示："研发新产品对于生命科学业务的成功至关重要。很多科学家可以提供分子和基因细胞研究，这为我们提供了最初的研发动因。"

拜耳公司目前拥有超过 13000 名研发人员，其中 61% 隶属于拜耳医药保健，39% 隶属于拜耳作物科学，这两方面业务都已取得很大进展。自 2010 年以来，拜耳处方药业务已成功地完成了 25 项Ⅲ期临床研究，2000 年至 2013 年拜耳作物科学发布了 30 种新的有效成分。仅 2013 年一年，拜耳就申请了生命科学领域的 500 项专利。

什么样的企业才能被称作创新的企业？戴克斯认为，企业应对创新有承诺，敢于冒险，敢于跨越疆界，同时，合作对研发至关重要。"我们创新的核心是寻求更多的伙伴、更多的合作可能性，开创新机遇。近年来，许多刽新的研究项目开始与机构、大学和新兴公司建立合作伙伴关系。如今，一家公司无法完全依靠自身力量管理创新的各个领域。因此，战略合作协议与战略联盟是成功的、以研究为基础的公司创新链的重要组成部分。"要懂得综合分析专家经验和成果，开拓全球视野，发展研究事业。2009 年到 2013 年，拜耳开发了 3 个网络平台，和其他公司合作进行癌症研究。在中国，拜耳公司先后和清华大学、北京大学正式签署合作协议，共同开展生物医学领域研究、新药研发和转化合作。

创业不一定都能产生创新，但成功的创业必须以创新为基础。创新与创业应该紧密联系起来，并由创新引领创业。然而，仅了解创业的本质及其与创新的联系还不够，为了在现实操作层面上更好地将创新与创业相结合，实现"创新型创业"，还应深入把握创新的内涵、特点及类型，充分了解创新的各种切入点。

2.1 创新的内涵

要把握创新的含义，可以通过与其他概念的比较进行理解，主要包括创新与创造、研发、发明等概念之间的区别。首先，创造是提出新创意、做出新产品，创新则意味着不仅提出新创意，还要将其商业化。其次，研发涉及研究与开发，包括基础研究、应用研究与试验开发，是一个从创意产生到研究、开发、试制完成的过程，与创新相比缺少商业化的环节。最后，创新较发明更侧重于发明应用和市场化延伸的过程，侧重于对发明的应用和市场化。通过以上对比，我们大致可以明确创新的内涵：创新是一个产生新事物、新创意并将其商业化的过程。

2.2 创新的类型

创新可分为技术创新与非技术创新。技术创新主要指产品创新和工艺创新。非技术创新则是除技术创新以外的其他创新活动，主要指的是服务创新和商业模式创新。

2.2.1 产品创新

产品创新是指提供一种能够满足顾客需要或解决顾客问题的新产品，通过增加产品的差异化程度来提高产品的价格，进而提高企业的盈利水平。产品创新活动是将机会转化成市场上可以销售的产品的过程，涉及企业的研发、生产、销售、财务等部门。在产品创新过程中，相关人员必须完成多项活动，包括创意产生、产品概念开发与设计、产品测试以及试生产等。为了有效管理这一庞大、复杂的活动，产品开发过程必须结构合理、方向明确。

典型的产品创新过程可分为机会识别和筛选、产品设计、产品测试、产品商业化和上市后控制五个阶段。机会识别阶段会有许多创意涌入，可通过开发流程中的一系列决策，筛选出适合投资、有可能获得市场成功的项目。

案例推送 ——•

中国特高压输电的突破

特高压已成为中国电工制造企业打开国际市场大门的一张金色名片。

2014 年，国家电网有限公司中标巴西美丽山项目，其特高压技术首次在海外项目中应用。这是中国特高压技术"走出去"的重大突破，将大力推动中国特高压输电技术、设备和经验走出国门，进入海外市场。

世界对中国特高压技术的认可和赞誉，来自国家电网公司已经建成投运的特高压工程范例，这些工程单位容量造价低、损耗低、运行可靠。

特高压输送容量大，送电距离长，线路损耗低，占用土地少。有人这样比喻：超高压输电是省级公路，顶多就算是个国道，而特高压输电可谓"电力高速公路"。

2014 年 7 月 3 日，目前世界上输送容量最大的直流输电工程，即溪洛渡左岸-浙江金华±800 千伏特高压工程投运，这已是国家电网公司建设投运的第 6 个特高压工程。

美国能源部前部长比尔·理查森在《美国的第三世界电网》中说，中国特高压输电技术可以解决困扰了中国和很多其他国家几十年的电力问题。

由中国国家电网公司主导研发的特高压输电技术，成为迄今为止难度最大、最复杂的一项电力技术成就，彻底扭转了我国电力工业长期跟随西方发达国家发展的被动局面，让中国第一次在国际上抢到了制定标准的话语权，率先建立了完整的特高压交直流标准体系。

国际电工委员会（IEC）主席克劳斯·乌赫勒说："中国的特高压输电技术在世界上处于领先水平，中国的特高压交流电压标准将被推广到世界。"电气与电子工程师协会（IEEE）秘书长詹姆斯·普兰德加斯特则表示："中国的特高压技术是世界上独一无二的，是最领先的。"

从世界电力发展角度来看，特高压输电技术的产生是具有划时代意义的。

2.2.2　工艺创新

工艺创新，也称流程创新，是指产品生产技术的变革，常用于制造业企业，属于生产和传输某种新产品或服务的新方式，如对产品的加工过程、工艺路线及设备所进行的创新，通常通过降低生产成本以提升企业的盈利水平。工艺创新过程大致可分为 5 个阶段，即工艺创新构想阶段、工艺创新初始设计阶段、工艺测试阶段、工艺创新设计改造阶段和生产阶段。

和产品创新具有市场效应（创造新产品后会占领更多的市场份额，挖掘更多潜在用户）不同，工艺创新具有生产率效应（产出或投入份额不变时生产率提高）。只有在一定的生产条件和市场条件下，工艺创新才能产生经济效应。此外，工艺创新往往难以被顾客觉察，因为这个过程发生在企业的"后台"，只有当企业的工艺（流程）出现明显失误，产品或服务没有及时传递给顾客时，顾客才会有所觉察。例如，笔记本电脑厂商对其生产工艺创新后，提高了生产效率，厂商可以生产出更多的电脑，但对于某个消费者来讲则不会有太大的影响；如果厂商的工艺（流程）出现某种问题，导致某一批次的电脑存在缺陷，消费者可能就会放弃购买或选择退货。

── 案例推送 ──────●

海尔洗衣机的绿色工艺创新

目前，"低碳"已成为全球家电行业发展的重要方向，绿色创新尤其是绿色工艺创新已经是海尔创新体系的重要组成部分。海尔在绿色工艺创新上的人力、物力与财力投入巨大，2006 年，仅主要分公司进行空调、洗衣机、冰箱、热水器等绿色工艺研发的人员就达到 1133 人，用于开发和生产的配套资金高达 34 亿元。海尔洗衣机的绿色工艺创新主要体现在其节能、环保和低碳工艺技术的研究和开发方面。从 20 世纪 90 年代根据消费者夏季洗衣需求自主进行工艺改进研制出的"小神童洗衣机",到综合改良驱动系统等工艺制造出的静音洗衣机,洗衣机的绿色工艺创新系统发生了巨大改变。该创新系统不断与外界进行信息、技术等资源的交换,在内部条件和外部环境的共同作用下自主进行系统化、组织化和有序的创新,使其创新活动由无序转变为有序、创新方式由粗糙转化为细致、创新能力从低级发展到高级。可见,海尔洗衣机绿色工艺创新系统的形成和发展演变是其围绕用户和市场需求持续不断的创新过程,具有自组织特性。

2.2.3 服务创新

服务创新是指针对一切与服务相关或针对服务本身的创新行为和活动,还包含制造业中与产品相关的配套服务。服务与产品相比,其无形性、异质性、不可分离性和非持久性特征,导致服务创新的内容和形式更为丰富和多样化,服务创新过程的内部和外部交互作用更为频繁,创新过程更复杂也更困难。服务创新往往以渐进性创新为主,根本性创新较少。服务创新主要包括设计、分析、发展和推广 4 个阶段:设计阶段包括市场调研和资料收集、新服务目标/战略形成、初拟方案与筛选、概念发展与测试,分析阶段包括可行性分析和责任落实,发展阶段涉及服务内容设计与测试、流程/系统设计与测试、营销项目设计与测试、初步人员培训、服务测试与试运行、观察顾客反馈与总结完善,推广阶段主要落实服务创新支持措施、招聘和培训员工、广告宣传/人员推销、对顾客进行消费指导、跟踪检查。

服务创新的特点,除了具有服务本身的特征外,还具有自身的独特性,主要体现在:服务创新在内容和形式上比制造业创新更为丰富和多样化;服务创新的过程包含了相当丰富的内部和外部交互作用,比技术创新过程更为复杂;在服务业中区分产品创新和过程创新,要比制造业困难得多;服务创新以渐进性创新为主,根本性创新较少;服务创新遵循的形式多种多样;信任是服务创新中的一个重要维度;服务创新的生产方式具有多样性;开发周期短,没有专门的部门。

案例推送 ●───

三只松鼠的线上营销创新

三只松鼠是被众多实业界明星大腕推崇的互联网新兴企业，小而美的实力派代表。其用新鲜商品、新鲜品质、新鲜设计、新鲜服务打动了消费者柔软的心。

新鲜往往是新品牌生存的第一要素。三只松鼠品牌设计萌且俏皮，鲜明、鲜活，同时具备生动感和质感，让人一看就会想到经典的迪士尼卡通形象 TOM & JERRY，这种好感和喜感成为其快速消除距离感、征服市场与人心的一张好牌，即便其货品口味与传统炒货并无二致。

三只松鼠的礼品和分享装备本就常换常新，要的就是或独特、或温情、或精致、或大气的心理增值效果。如果能时常给消费者带来喜悦和惊喜，那将是产品更高的增值效应和加分点。松鼠宠物与主人的趣味化定位和极致优秀的服务带给消费者的是一种独特、松弛和喜悦的感觉，鼠小果、鼠小茶的清晰化品类定位，鼠小美的森林大使代言，鼠小箱、鼠小袋、鼠小器、鼠小夹、鼠小巾这些妙趣横生而又周到细致的小器具、小革新、小精致，带给人的则是突如其来的小感动；"松鼠的健康提案"实则是一种巧妙和排他性的品牌推介和植入，提倡与三只松鼠一起感受别样的"新森活"。产品退货单上的温情文字和真诚致歉提前构筑了"减震带"和"防波堤"，即使真出现问题，在这样的态度面前，消费者也不会着急和恼怒。

品牌的价值体现在它的完美、完善和独一无二。第一，品牌定位语凝练精准如"与三只松鼠一起感受慢食"和"坚果爱上茶，生活是一种态度"，这是一种心灵的触及、捕捉和引导，同时实现了品牌与品类的延伸。第二，品牌提示语"吃坚果，认准这个大头"不断重复和加深品牌印象，在消费者心中使其形成品牌记忆和忠诚度。第三，品牌定位语、品牌商标和品类定位语三位合一的复式 LOGO 设计，处处超出消费者期待，充满乐趣和惊喜。"三只松鼠"将品牌的精致与精益求精渗透到每一处细节，给顾客带来强烈的惊叹和满足感。完美是品牌的符号和精髓，由此形成的强大渗透力，征服、吸引和打动着每一颗热爱品质、崇尚完美的心，让其惊喜、迷恋、感动和忠诚。

一个有创意、有品质、有趣味和品位、有营销网络和服务、价格也贴近市场、具备十足鲜明特征和综合竞争实力的品牌，没有理由不成功。三只松鼠，以小而美的境界和无懈可击的温馨细节甚至征服了马云等一批互联网大佬，唤起了实业界对品质化营销与经营以及电子商务品牌打造与营销的深入反思，以黑马和新军之姿跻身全国坚果炒货营销企业 10 强、中国创新成长企业 100 强，位列中国创新产品 10 强。

2.2.4 商业模式创新

成立于 2010 年 4 月的小米公司，以其独特的互联网手机商业模式，迅速成为手机行业的佼佼者，而这种商业模式所展现的颠覆性与可持续性也深深影响了手机行业的传统商业逻辑。小米公司创始人雷军曾说，小米公司是在用互联网思维做手机，小米手机的商业模式是互联网商业模式。2011 年年初，腾讯公司推出"微信"，这是一款可快速发送文字和照片、支持多人语音对讲的手机聊天软件。截至 2013 年 1 月 15 日，微信用户已达 3 亿。微信的出现，使电信运营商的短信、彩信等业务利润直线下滑。微信动摇了电信运营商的根基，使电信运营商不得不寻求新的利润来源。2013 年 6 月，阿里巴巴集团推出"余额宝"产品。截至 2014 年 3 月，余额宝规模已经突破 5000 亿元人民币。数据统计显示，这一规模已经让余额宝跃升为全球第四大货币市场基金。余额宝的出现使银行的借贷成本迅速飙升，银行业面临严峻的挑战。面对互联网的颠覆性力量，一些企业家提出了"互联网思维"一词，以表达互联网对商业模式变革的巨大推动作用。他们指出，运用"互联网思维"使传统企业互联网化，是实现传统企业商业模式创新的重要手段。央视新闻联播曾以专题方式报道"互联网思维带来了什么"。企业与媒体的共同关注，使"互联网思维"一词火速升温。

首先，关于商业模式的内涵，企业界通常把商业模式定义为"企业是如何赚钱的"，这一简单的定义很容易理解，但较为笼统；而学术界对于商业模式的定义则较为复杂，但也更加精确，一般可以把商业模式的定义归纳为三个层面，即经济（盈利）层面、运营层面、战略层面。在经济（盈利）层面，商业模式被描述为企业的经济模式或盈利模式，其本质是为企业获取利润；在运营层面，商业模式被描述为企业的运营结构，重点说明企业通过何种内部流程和基本构造设计来创造价值；在战略层面，商业模式被描述为对不同企业战略方向的总体考察，涉及价值主张（什么对企业是有意义的）、组织行为、增长机会、竞争优势和可持续性等。

针对商业模式的创新主要是指营造出新的、优于现有方法，且能够为客户解决问题的方案，包括对价值的认识、对参与者及其角色的识别，以及对市场运作和市场关系的把握。从经营本质上来看，商业模式的基本构成要素包括了企业所提供的产品或服务、何时提供、何处提供、交易方式、如何支付、商业模式的利益相关者，以及企业存在的原因这七个要素，因此任何商业模式创新都是对现有业务价值链的改变。目前面向商业模式的创新可分为四种类型：一是挖掘型，即在不改变商业模式本质的前提下挖掘企业现有商业模式的潜力；二是调整型，即通过改变产品/服务平台、品牌、成本结构和技术基础来调整企业的核心技能，提升企业的价值；三是扩展型，即把企业的现有商业逻辑（商业思维方式）扩展到新的领域；四是全新型，即为企业引入全新的商业逻辑。

● 案例推送

互联网时代商业模式创新——360通过免费打败传统杀毒厂商

360对免费的认识很朴素，只要是人人都需要的，就应该是免费的。所以，我们（指360公司，下同）在用免费结束了流氓软件在网上的泛滥，把木马黑客赶到地下后，就想到这样一个问题：杀毒软件是人人都需要的，那么杀毒软件也应该免费。那个时候，每年花两百块钱买正版杀毒软件的人非常少，2008年大约有两亿上网用户，买正版杀毒软件和装盗版杀毒软件的用户总计不到1000万，绝大多数人的电脑都在"裸奔"。我们要做360免费杀毒，就要彻底免费，终身免费。事实证明，用户需求太强烈了，三个月的时间，360免费杀毒的用户就过亿了。我们连自己都没有意识到，我们无意中做对了一件事，这就是用免费的商业模式颠覆了瑞星、金山付费的商业模式。

虽然360做免费杀毒成功了，但是也付出了很大的代价。首先是我们内部的。在做免费杀毒之前，360在网上给其他品牌的杀毒软件做代理销售，每年也有将近两亿元的收入。一旦做免费杀毒，就意味着360和其他所有的杀毒公司成了敌人，这每年两亿元的收入也就泡汤了。

按照互联网的思维来说，地就是业务、是收入，人就是用户。用户是互联网所有业务、收入的基础。你可以暂时放弃收入，只要用户还在，就可以把收入再挣回来。但如果为了收入和业务，你损害了用户的价值，用户跑掉了，就算你有再多的收入也会崩溃。

除了内部有反对意见，外部也有很大的压力。当我们宣布要推出免费杀毒软件时，网上出现了大量的攻击性文章。有的说，"免费没好货，360免费杀毒不专业，杀不了病毒，是花架子"，有的说，"360 推免费杀毒，背后有不可告人的目的"。

今天，国内所有杀毒厂商都把 360 当成了学习榜样，360 怎么做他们就怎么做。但是，我要告诉他们两件事。第一：要做成免费的模式，必须得忍痛放弃收入。他们舍不得，我们舍得，结果我们做成了。360 成了中国第一大互联网安全品牌，拥有了好几亿用户。第二：你即使放弃收入免费了，也未必能成功地找到新的、可盈利的商业模式。

这也给所有要转型互联网的人上了一课，这就是：面对互联网免费大潮，你必须主动拥抱变化，才能抓住成功的机遇。

2.3　创新的基本属性

2.3.1　突破性与渐进性

从创新实现的诉求来看，创新具有两种属性：一是以突破性为导向，即追求非常规的、根本的、革命性的创新，亦可称为突破性创新；二是以渐进性为导向，即追求变异性的、常规的、逐渐演变的创新。这两种不同导向的创新，在技术创新领域表现的差异尤为明显。

创新的突破性所依托的技术知识是全新的，旨在开拓新的市场和用户，可能在短时间内还无法超越常规技术的性能，却能够引起产品或服务上的大幅度突破，引起产品/服务以及市场战略性的改变，帮助企业开拓新的市场，服务新的用户，是创造历史的观念性转变。创新的突破性带来的是产品、工艺或服务拥有了前所未有的性能，或是全新产品的出现，抑或成本的大幅度降低，因此往往可以开发出新的市场和潜在用户，甚至可能导致整个产业重新洗牌。

创新的渐进性建立在原有技术模式的基础上，通过对产品进行局部完善，为主流客户提供新的服务和功能。换句话说，创新的渐进性是对市场已有产品和方法的延伸，所展现的属于创新的"进化性"形式，而非"革命性"形式。创新的渐进性表现往往在初期阶段并不明显，但具有巨大的累积性效果。当新技术的优越性明显地体现出来时，它才会完全替代原有技术。

总体而言，创新的突破性即非常规的、根本的、革命的属性，其会在企业面临技术和市场的挑战、具有很高的风险时，在进行战略调整和适应的过程中得到展现；创新的渐进性则表现出追求变异性的、常规的、逐渐演变的属性，主要针对相对成熟的市场，用于满足主流用户的需求。

案例推送

华为的突破性创新

华为到 2012 年年底拥有 7 万多人的研发队伍，占员工总人数的 48%，是全球同类组织中研发人数最多的公司。从 1992 年开始，华为就坚持至少将每年销售额的 10% 投入研发。什么事情都可以打折扣，但"研发的 10% 投不下去是要被'砍头'的"——这是华为主管研发的负责人说的。2013 年华为研发投入年销售额的 12.8%，达到 53 亿美元，过去 10 年的研发投入累计超过 200 亿美元；华为在全球有 16 个研发中心，2011 年又成立了以面向基础科学研究为主的 2012 实验室，这可以说是华为的秘密武器。

华为在欧洲等发达国家市场的成功，得益于两大架构式的颠覆性产品创新，一个叫分布式基站，一个叫 Single RAN，后者被沃达丰的技术专家称作"很性感的技术发明"。这一颠覆性产品的设计原理，是指在一个机柜内实现 2G、3G、4G 三种无线通信制式的融合功能，理论上可以为客户节约 50% 的建设成本，也很环保。华为的竞争对手们也企图对此进行模仿创新，但至今未有实质性突破。

正是这样一个革命性、颠覆性的产品，过去几年给华为带来了欧洲和全球市场的重大收获。一位国企的董事长见任正非时说了一句话，"老任，你们靠低价战术怎么在全世界获得这么大的成功？"任正非脱口而出："你错了，我们不是靠低价，是靠高价。"在欧洲市场，价格最高的是爱立信，华为的产品平均价低于爱立信 5%，但高于阿尔卡特-朗讯、诺基亚-西门子 5%～8%。

所以，2012、2013 年连续两年，当欧盟的贸易专员发起对华为的所谓反倾销、反补贴调查时，华为的欧洲竞争对手，包括爱立信、阿尔卡特-朗讯、诺基亚-西门子等，全部站出来为华为背书，说华为没有低价倾销。即使如此，为了获得在欧洲的商业生态平衡，华为最后做了妥协。任正非说："我们提升价格，或与爱立信一样，或略高一些。"

华为坚持，要想在这个世界进一步做强、做大，就必须立足于建立平衡的商业生态，而不是把竞争对手赶尽杀绝。

2.3.2 连续性与非连续性

从创新的时间维度来看，创新具有连续性和非连续性两个基本属性。连续性创新指的是利用新技术对现有的产品或者工艺进行的扩展，是对现有产品设计的一种提炼和延伸。随着时间的流逝，连续性创新会逐渐产生累积性的经济效果。连续性创新是渐进的，它建立在现有的知识、市场和技术基础设施之上。可以说，创新的连续性集中在以下两个方面。一是技术改进和产品设计的连续性，即连续性创新是一种顺轨型的创新活动。连续性创新是遵循业内技术发展规范所指明的技术轨道进行的线性的创新活动，是一种沿着主流市场中主要顾客的需求曲线不断提高产品性能或性价比的活动。二是学习过程和知识积累的连续性，即连续性创新产生持续的知识积累效果，该效果与进一步创新形成正比。连续性创新可体现为一个创新主体在长期的生产、学习和开发中进行知识积累的过程，核心技术和核心能力的形成是这种积累的特定产物，也是连续性创新的重大成果和标志之一。

创新的非连续性在近些年企业技术跨越实践中起到至关重要的作用，特别是创新速度的加快和周期的缩短导致了技术极限的提早到来，导致某些市场均衡被创造性地破坏，形成跨越式的创新路径。创新的非连续性往往能够极大地提升已有产品的技术性能，显著地降低成本，开发新的产品和功能，开辟新的市场，转变与顾客和供应商之间的关系，是动荡环境下企业适应性形成的主要途径，并成为企业长期快速成长的发动机。

2.4 创新的特征

2.4.1 环境交互

创新和其所处的区域环境是密切相关的，具有明显的环境特点。影响企业创新的因素不仅来自企业内部，还来自政府、高校、科研机构、市场属性、竞争者、供应商、顾客、技术合作等外部环境，以及企业所根植的某一区域的经济发展水平、社会文化科教事业、金融发展、对外开放程度等。

创新环境往往决定了创新活动的产出效率。区域创新环境通常具有以下特点：①系统性和复杂性，区域创新环境是由若干子系统组成的总系统；②特色性与差异性，由于受所在区域的社会、经济、文化和自然条件的影响，区域创新环境系统会出现各具特色的区域性;③协调性与学习性,知识经济时代是以信息产业为主导的时代,而信息产业最主要的表现形式即网络的发展和普及应用。因比,区域创新环境系统的发展必须要凭借或充分利用信息网络进行协调。

案例推送

中美创新生态比较

第一,从中美创新的方式来比较。中国主要以模式的创新为主,例如分众传媒、360、小米等电商公司,这种方式在国外并不多见,并且海外投资者也并没有充分认同这种方式。美国则是技术创新更多一些,经过这么多年,它们更多强调差异化创新和价值创造,甚至有些产品和技术在开始的时候并不被多数人认可,芯片、个人计算机、数据库系统、互联网、搜索引擎、智能手机、人工智能等等都由此而生。

第二,中美企业在创新之路上取胜的方法不太一样。在天猫"双十一"大促期间,我们经常会看到很多国内电商激烈竞争,有时还要求用户做出一些选择。很多中国互联网公司在成长过程中九死一生,相当多是由竞争对手造成的。而在美国,在过去的20年里发生的最重要的变化就是从竞争转为合作,大家愿意建立一个平衡的生态。它们把可能在竞争中会产生很多相关利益的人都捆绑到一起,在"竞争十合作"中创新,谋求彼此的发展。

第三,国家在创新环境中的作用不同。中国现在进入了创新创业的大潮中,在经济转型的大环境下,政府顺势强力推动。现在国家提供了很好的政策,包括创新的空间和引导基金。但是在美国,经历了早期的国家支持,现在是完全市场化的运作方式,政府主要负责优化企业注册、税收、知识产权、融资等方面的政策。可以预计的是,在国内创业生态的各种要素逐步具备后,政府也会逐渐地退出,让市场更好地来调节和运营。

第四,地域分布这一点是我们跟美国相比有优势的地方。中国的创新城市不只是北京,还有深圳、上海、广州、厦门、杭州、成都等,这些地方都出现了一些规模比较大的互联网企业;而美国主要是集中在硅谷,在过去几年里美国出现的500强企业中,美国东部几乎没有创新企业,创新企业主要集中在西部。现在,我国很多城市都把创新作为经济转型发展的抓手，在大学、大企业、资本和当地政府的联合推动下，创新活动像雨后春笋一样在所在城市展开。

第五，两个国家在文化上的差异。在中国，像北京、深圳这样外来人口较多的城市，明显受益于文化的多样性，创新走在前面。而美国本身就是一个移民国家，其最大的特点就是多样化，吸引了全世界很多优秀的年轻人到那里读书、工作。这些多样化人才对创新创业来说，就是一种优势条件。

2.4.2 系统开放

创新的系统观点已逐渐成为人们关注的热点。作为一个分析框架，创新系统较为开放和灵活，具有丰富的内涵。区域创新系统方法为政策制定者从系统的角度发展和制定部门、区域或国家等不同层次上的整体创新政策，提供了一个理想的分析框架和工具，在引导政策制定者从线性角度探究创新绩效的直接决定因素的同时，也从非线性角度关注以政策为导向的创新环境的间接影响。

一般而言，全方位理解创新系统的内涵，需要了解以下几种观点：①要素组成论，认为区域创新系统是一种客观存在的，由企业、高校、政府、中介机构等要素组成的创新体系；②复杂系统论，认为区域创新系统是一个具有开放边界的复杂系统；③唯制度论，认为区域创新系统是依靠科技创新发展区域经济的一套区域制度安排，是为使技术更好地促进经济增长的关系、组织、制度安排，是使科技进步融入经济增长的制度和框架安排；④创新网络论，认为区域创新系统内主体要素之间的相互作用关系构成一种创新网络，区域创新系统的关键在于创新网络；⑤技术扩散论，认为区域创新系统是围绕技术发展和应用而组织起来的技术扩散系统；⑥资源配置论，认为区域创新系统是国家创新系统的区域层次，是区域内优化资源配置的方法论。

── **案例推送** ─────●

特斯拉的开源与企业创新联盟

特斯拉的成功被业界归为互联网思维的成功，而马斯克的开放专利之举，也正体现了互联网"自由、平等、开放、分享"的精神，但他的真正目的是什么？

特斯拉开放所有专利的目的就在于：让更多的人或企业，在一个较低门槛上，就可以站在巨人的肩膀上，投入世界电动汽车发展和普及的浪潮当中。从表面上看，开放专利是让竞争对手占了便宜，然而此举却无形中提高了特斯拉技术的普适性，使它在未来的标准制定中抢占了有利的地位。

而隐藏在这背后的效应是，当特斯拉专利开放达到一定规模，且其技术盟友成长到一定体量之时，盟友就不得不兼容特斯拉的充电标准。显然，如果特斯拉建立了一个以特斯拉技术为支持的产业联盟，那么相信超级电池工厂的富余产能将会被特斯拉的盟友所消化，这时特斯拉不仅是一个电动汽车的制造者，更是上游核心电池资源的掌控者。

2015 年 1 月 23 日，马斯克现身底特律北美车展。这一次，马斯克说到特斯拉真正面对的敌人，未必是传统厂商和经销商，而是已经习惯了内燃机车的用户，以及根植于传统业态的庞大产业惯性。要打破这个桎梏，联盟是最好的手段。

因此，特斯拉欢迎其他汽车厂商进入电动汽车行业，是想形成一个"电动汽车的矩阵"，而不是单打独斗，这样一来，整体的电动汽车行业就会有更大的势能，在市场培育、政策突破、技术积累、电动汽车产业链的形成等方面，就会形成群体的生态效应，增大电动汽车体量。

所以，特斯拉需要盟友，而不是敌人。此前特斯拉开放专利，也出于这一目的。特迷们认为，特斯拉有望组建类似 Open Handset Alliance 这样的联盟机构，当初 Google、三星等公司就是靠这个联盟从苹果嘴里"掏出大部分比萨"的。

正如马斯克所说，电动汽车要想成功，需要汽车行业之外其他很多领域的技术，这种整合和创新，特斯拉比其他任何传统汽车制造商更擅长。特斯拉是个很好的例子，它告诉我们通过开放与合作的形式，可以获得一个产业生态圈的发展，可以建立企业技术创新联盟，从而带动整个电动汽车行业的创新。

2.4.3 动态演化

创新的另一个特点是呈现动态演化的状态。企业的技术创新可以分为自主创新、模仿创新和合作创新三种模式。高技术企业的技术创新演进就是一个技术能力学习、技术能力运用和技术能力创新的螺旋式上升过程，最终实现自身的技术自主创新。因此，高技术企业的技术创新演进主要经历四个阶段，即创新学习阶段、创新模仿阶段、创新—模仿阶段和自主创新阶段，这四个演进阶段是一个不断上升与突变的过程。

创新学习阶段主要是指企业对创新的原理、技术、方法、路径和条件等方面的学习，是对前沿知识以及新兴技术的引进、消化和吸收的过程；创新模仿阶段是在技术创新学习的基础上，对技术、方法和路径等方面进行模仿，以及模仿其他企业将前沿知识进行技术化、产品化和市场化，并将之用于产品生产、销售和服务之中，是对新兴技术的仿制；创新—模仿阶段是在模仿中进行部分的技术创新尝试及实践，形成部分工艺创新；自主创新阶段属于创新过程中较为成熟的阶段，此时，企业能够独立地分析、研究和运用前沿理论和新兴技术，自主地将理论和技术进行技术化、产品化和市场化，拥有自主知识产权和专利类产品。

2.5 创新的途径

个体或企业作为存在于特定经济环境中的独立系统，为了维持其自身的生存发展，需要通过不同途径开展创新，以保持自身发展以及与外部环境的协调。一般而言，创新可以通过目标、技术、结构、市场与环境等组织内外部的途径得以实现。

2.5.1 目标创新

目标是个体或组织为实现其宗旨所要达到的预期成果，是企业对实现自身使命的一种行为承诺和衡量经营绩效的标准。同时，目标也是企业基本战略的一种体现，没有目标的企业是没有发展的企业。美国行为学家吉格勒指出：设定一个高目标就等于达到了目标的一部分。只有那些树立远大目标，并为之奋斗的企业才能长盛不衰。企业目标受到内部与外部各种条件的制约，其中，来自外部市场环境的影响不能被忽视，企业制定的目标只有在被市场接受的前提下才能实现。环境不断在变，企业目标也需要不断调整，才能实现企业的持续发展。此外，企业的具体经营目标，更需要根据市场环境和消费需求的特点及变化趋势适时地调整，企业经营目标的每一次调整都是一种目标创新。

2.5.2 技术创新

技术创新是企业创新的主要内容，企业中大量的创新活动是有关技术方面的，因此人们甚至把技术创新视为企业创新的同义语。技术水平是反映企业经营实力的一个重要标志，企业要想在激烈的市场竞争中处于主动地位，就必须顺应企业技术进步的方向。由于技术都需要通过一定的物质载体得以体现，因此企业的技术创新经常表现为要素及要素组合方法的创新。要素创新包括材料创新、设备创新两个方面，要素组合方法创新包括生产工艺创新和生产过程的时空组合创新两个方面。20世纪最杰出的生产过程创新，莫过于福特将泰勒的科学管理原理与汽车生产相结合而产生的流水生产线，流水线的问世引发了企业生产率的革命。

值得注意的是，虽然传统的观点常常将"创新"等同于"技术创新"，但在如今，这种观点已经受到了许多学者的质疑，特别是在国家促进经济结构转型、大力发展第三产业的背景下，唯技术至上的创新观点受到越来越多的挑战。技术创新和非技术创新的不同因素对企业经营具有不同的作用，共同构成了企业全面创新的不可分割的组成部分，它们的结合会产生整体大于部分的协同效应。技术创新与非技术创新具有同等的重要性。

—— 案例推送 ——

听徐小平一句"你们去硅谷，我就投钱"，这项目真去硅谷了

历史上第一个进入 TechCrunch Disrupt 旧金山创业竞技场决赛的中国团队，2015年被选入美国最顶尖的孵化器 Y Combinator。他们就是中国 App Store 排名第一的独立邮件类应用——MailTime（中文应用名：简信）的创业团队。

MailTime 的"硅谷之路"，缘起徐小平一句话："你们这项目得去硅谷发展，你们去硅谷，我就投钱！"

在 MailTime 团队看来，Email 是开放的，是一个去中心化的系统。一个人用 QQ 邮箱给另一个人的网易邮箱发邮件，完全没有问题；一个人也可以用移动端给另一个人的网页端邮箱发邮件。如果将 Messager（通信聊天软件）建立在开放的协议上，那么就算是小型创业企业，也可以和巨头进行竞争。

QQ 和网易基本垄断了整个中国邮箱市场，但 MailTime 有信心能够在独立邮件类应用市场中做到在中国一家独大的局面；虽然在美国此类项目有几家竞争对手，但一些做得较好的项目已经被收购了。所以，就目前而言国内外的竞争压力并不大。

"我们现在全球用户有100多万。MailTime并不是一款纯工具，它是开放的Messager。在收发邮件时，你可以将一些邮件类的形式化内容（如格式）去除，而文本内容将会出现在对话bubble（类似微信的对话泡）里面，以一种聊天模式呈现。"该项目的设计者说。

未来，MailTime会将技术着眼于云端，一方面在云端将邮件转化为短信形式，另一方面让邮件推送更为及时。现在的邮件收发仍有2～3秒的时间延迟，所以MailTime所要做的就是在云端实现实时推送，使邮件发送做到零时间差。

此外，MailTime还要做的是特有功能链接显示。在电脑桌面上，邮件可以通过拖拉添加附件，但这在移动端上很难实现，尤其是苹果手机。所以，MailTime团队设想，如果通过链接的形式添加附件就会更加方便。例如，在进行支付宝转账需要邮件确认时，你可以通过点击MailTime的一个链接直接确认。

"我们想做到无须跳转就可操作完成，就是在MailTime的应用内直接完成确认（操作）。此外，MailTime也可以直接在应用内呈现邮件群聊的模式。举个例子，猎云网的企业邮箱为xx@lieyunwang.com，当我给@lieyunwang.com发邮件时就是群发邮件。如果你想具体@某一个人（MailTime内设@功能），他就会收到邮件提醒，例如'你有一封简信'，然后他的回复也会体现在群聊中，就和你的微信、QQ群所呈现的内容一样。"该项目设计者说。此外，在MailTime上阅读邮件内容，由于和微信聊天差不多，你可以很轻松地上下滑动鼠标来浏览邮件，而不用再去邮箱里浪费时间"海淘"邮件来查找相关内容。

目前，MailTime除了总部设于硅谷外，还有部分技术人员团队设在北京和香港。公司此前一共获得了300万美元的种子资金，目前正在进行A轮融资。

2.5.3　结构创新

企业系统的正常运行，既要求具有符合企业及其环境特点的运行制度，又要求具有与之相应的运行载体，即合理的组织形式。企业制度创新必然要求组织机构与结构的变革和发展。从组织理论的角度来考虑，企业系统是不同成员担任的不同职务和岗位的结合体。不同的机构设置，要求有不同的结构形式；组织机构完全相同，但机构之间的关系不一样，也会形成不同的结构形式。由于机构设置和结构的形成要受到企业活动的内容、特点、规模、环境等因素的影响，不同的企业有不同的组织形式，而同一企业，在不同的时期，随着经营活动的变化，也要求组织的机构和结构进行相应调整。组织创新的目的就在于更合理地整合管理人员资源，提高管理劳动的效率。

── 案例推送 ──●

谷歌为自己建了一个母公司

你可能认识字母表，但是，你知道 Alphabet 是什么新玩意儿吗？

今天一早，一个名为 Alphabet 的全新公司诞生了，它成了谷歌新的母公司，整件事情看起来就像是全球最大的搜索引擎巨头被"并购"了。不过，谷歌当然没有消失，它只是更加精简了，成为全资子公司，只保留部分业务。

谷歌联合创始人之一拉里·佩奇（Larry Page）表示，Alphabet 是一家更纯粹的控股公司，更明了、更负责，而他和谢尔盖·布林（Sergey Brin）则将出任新公司总裁一职。原谷歌旗下的子公司和项目架构也发生了一系列变化，包括 Nest、Fiber、Calico 和总是很神秘的 Google X，将被分拆成独立子公司，并与谷歌一起组成 Alphabet 集团。

谷歌现在是 Alphabet 的一个子公司，或许称之为新谷歌更为合适，因为它是当今最大的新品牌之一。拉里·佩奇认为，科技行业必须迎来革命，不想落伍就必须要有点不甘慵懒的精神。"我们一直认为，随着时间的推移，企业通常会舒服地做同样的事情，但在高科技行业，只有不满足于舒服方可长存。"

架构重组听起来有点无聊，但其实可以从 Alphabet 的构成去了解拉里·佩奇和谢尔盖·布林下一步想要做些什么。众所周知，现在 Alphabet 集团旗下的谷歌公司的搜索引擎和移动操作系统业务已经相当成熟。但很显然，通过 Alphabet，原本臃肿的谷歌能够把主要业务与未来长期投资项目区分开来，从根本上让管理变得更精细，最重要的是能更好地继续维持好包括这两项业务在内的传统支柱业务的运营。而两位联合创始人拉里·佩奇和谢尔盖·布林，将担任更具决策性的角色，推动实现更多疯狂的想法或者不大可能实现的项目，将夏多激进的解决方案和突破性的技术提升到与 Google Search 和 Android 同样的水平高度。

Alphabet 的出现并不意味着谷歌消失，只是之前很多谷歌旗下令人兴奋的未来项目不再与之相关。但谷歌还是我们大家所熟悉的谷歌，旗下业务将包括 Search 谷歌搜索服务、Android 系统、Chrome 浏览器、YouTube 和 Maps 地图服务，新业务 Google Photos 和 Google Now 同样从属于谷歌公司。精简之后的谷歌，如今更易于运营和扩展项目，并且将会取得更大的发展。Alphabet 组织结构如下图所示。

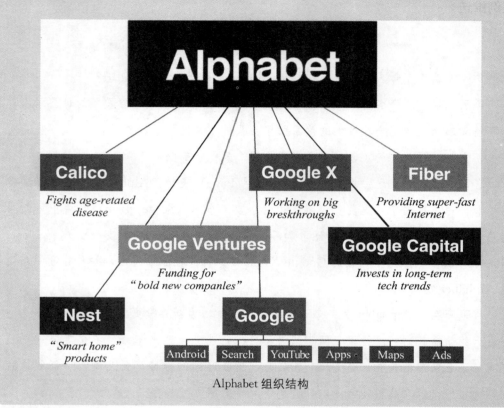

Alphabet 组织结构

2.5.4 市场创新

市场是最重要和最直接的环境因素，所以通常企业环境创新的主要内容是市场创新。市场创新主要是指通过企业的活动去引导消费，创造需求。市场创新的很多内容可以通过企业的营销活动来进行。在产品的材料、结构、性能不变的前提下，通过市场的物理转移、宣传提示产品新的使用价值等创造新用户，或通过广告宣传等促销工作，赋予产品一定的心理价值来影响人们对某种消费行为的社会评价，从而诱发和强化消费者的购买动机，增加产品的销售量等，都属于市场创新。市场创新对于面临激烈竞争的现代企业而言，已成为企业创新最活跃和最富有成效的部分，对于应对竞争和提升企业竞争力发挥着越来越重要的作用。

2.5.5 环境创新

环境是企业经营的土壤，也是企业经营的约束。企业与环境的关系，不是单纯地适应，而是在适应的同时去改造、引导甚至创造。环境创新不是指企业为适应外界变化而调整内部结构或活动，而是指通过企业积极的创新活动去改造环境，引导环境朝着有利于企业经营的方向变化。例如，企业通过公共关系活动，影响政府政策的制定；企业通过技术创新，影响产品或行业；根据市场需求的变化和消费者偏好的转移，企业及时地调整生产方向和生产结构，不断开发出受用户欢迎的适销对路的产品。

▶ **重要概念**

创新；产品创新；工艺创新；服务创新；商业模式创新；连续性创新；非连续性创新；目标创新；技术创新；结构创新；市场创新；环境创新。

▶ **思考题**

1. 我们为什么要创新？

2. 结合你的专业，谈谈如何实现创新。

3. 根据创新的特点，思考如何才能更好地创新。

4. 请举出具有不同创新属性的例子，这些例子又分别体现出创新的哪些特点？

5. 技术创新一定优于非技术创新吗？为什么？你如何看待非技术创新？

6. 创新的驱动力更多地来自个体或组织内部，还是外部的环境？请谈谈理由。

第3章 创新思维与创造力

▶ **引例**

思维比知识更重要

很久以前，有位学子四处访师求学，为的是能得到真才实学，可是让他感到苦恼的是，他学到的知识越多，越觉得自己无知和浅薄。

有一次他遇到一位高僧，这位学子便向高僧倾诉了自己的苦恼，并请求高僧想一个办法让自己从苦恼中解脱出来。

高僧听完他诉说的苦恼后，静静地想了一会儿，然后慢慢地问道："你求学的目的是为了求知识还是为了求智慧?"那位学子听了大为惊诧，不解地问道："求知识和求智慧有什么不同吗?"

那位高僧听了笑道："二者当然不同。求知识是求之于外，你对外界了解得越广、越深，你所遇到的问题也就会越多、越难，这样你自然会感受到学到的越多就越无知和浅薄；而求智慧则不然，求智慧是求之于内，当你对自己的内心世界了解得越多、越深时，你的心智就越圆融无缺，你就会感到一股来自内在的智性和力量，也就不会有这么多的烦恼了。"

法国思想家帕斯卡（Pascal）曾经说过："人不过是一株芦苇，是自然界中最脆弱的东西，可是人是有思维的。要想压倒人，世界万物并不需要武装起来，一缕气、一滴水，都能置人于死地。但是，即使世界万物将人压倒了，人还是比世界万物要高出一筹。因为人知道自己会死，也知道世界万物在哪些方面胜过了自己，而世界万物则一无所知。"爱因斯坦也认为接受高等教育的主要目的是掌握好的思维方式。

学术界对思维的定义：大脑为了解决某个问题而进行的不同维度的、有秩序的思考，由知识、智力和才能三要素构成。与单纯的知识内容相比，思维能力是要把思维活动中各种不同的知识联系起来，并有效地调动和利用，以形成达到最终目标的水平和能力。

3.1　创新思维的内涵

3.1.1　什么是创新思维

创新思维是指不受现成的、常规思路的约束，而是寻求对问题全新的、独特性的解答和方法的思维过程。创意、创造性思维都属于创新思维，它是相对于常规思维而言的。

大家都熟悉"把鸡蛋竖起来"的故事：哥伦布的朋友纷纷尝试，都失败了，而哥伦布运用创新思维，把鸡蛋敲碎，鸡蛋就竖起来了。这个简单的故事给我们的启迪是：当常规的方法不可行时，我们要勇于打破常规，才能创造性地解决问题。创新过程可分为"想"和"做"两步，这里的"想"就是创新思维过程，"做"就是把思维转化为行动和结果。因此，可以看出，创新思维是一切创新活动和结果的前提，是创新实践、创造性学习、创新经营管理的前提。

3.1.2　创新思维的特点

总体来看，创新思维具有以下四个特点：

（1）思维的独特性

思维的独特性表现为观点新颖、别出心裁，能打破常规，不受习惯思维的约束。

◦ 案例推送 ──────•

电扇的面孔

　　日本东芝电气公司曾于1952年前后积压了大量的电扇卖不出去，7万多名职工为了打开销路，费尽心机地想了不少办法，依然进展不大。有一天，一个小职员向当时的董事长石板提出改变电扇颜色的建议。在当时，全世界的电扇都是黑色的，东芝公司生产的电扇自然也不例外。这个小职员建议把黑色改为浅色，这一建议引起了董事长的重视。经过研究，公司采纳了这个建议。第二年夏天，东芝公司推出了一批浅蓝色电扇，大受顾客欢迎，市场上还掀起了一阵抢购热潮，几个月之内就卖出了几十万台。从此以后，在日本及全世界，电扇就不再都是一副统一的黑色面孔了。

　　（2）思维的灵活性

　　思维的灵活性表现为思维灵活，能及时转换变通。一是能从多方位、多角度、多侧面去思考问题；二是易打破思维定式，当思路受阻时能迅速转换，及时抛弃旧的思路，转向新的方向；及时放弃无效的方法，转用新的手段。英国微生物学家弗莱明发现青霉素的过程就是这种思维方式产生创造性的最好例证。思维结构的广阔性、灵活性在很大程度上与其思维活动向外部世界的开放有关。

　　（3）思维的敏锐性

　　思维的敏锐性表现为能迅速地评价并及时地捕捉闪耀的思想。它要求对新异现象有敏锐的感受能力，能迅速地认识其价值，并能牢牢地把握它。我们把在司空见惯的事物中发现尚无所知的新东西的思维特性，称为创新思维的敏锐性。

◦ 案例推送 ──────•

巴斯德的发现

　　法国著名学者巴斯德有一天在田间散步，发现有块儿土壤的颜色与其他的土壤有些不同，走近一看，原来是蚯蚓从地下翻上来了大量土粒。于是他想，死于炭疽病的羊被深埋地下，其周围的泥土也因此含有炭疽病芽孢，会不会是蚯蚓把这种泥土带到土壤表层来从而使炭疽病继续传播呢？这个想法不久后得到证实。就是这样，巴斯德的思维所具有的这种敏锐性使他发现了神秘莫测的炭疽病传播途径。

（4）思维的突发性

思维的突发性表现为对问题进行长时间思考后的豁然开朗、迎刃而解，体现出一种非逻辑性的特征，其主要表现形式是灵感和顿悟。

在创造性活动过程中，思维的突发性有时会突然表现出高度的创新性，即创新思维往往在时间、空间上产生突破和顿悟。

案例推送

阿基米德的发现

两千多年前，阿基米德接受了国王交给他检测黄金王冠真伪的任务，但他苦思终日，依然束手无策。由于王冠的形状非常复杂，又雕刻着精美的纹饰，难以用几何学方法计算出它的体积，因而也就无法得知其比重。一天他去洗澡，当他坐进盛满水的澡盆时，水沿盆边溢了出来。阿基米德忽然领悟到：盆中溢出的那部分水的体积不就是浸入水中自己身体的那部分体积吗？实验结果证明纯金排出的水量少，而王冠排出的水量多，于是可以断定黄金王冠是掺了假的。阿基米德完成了国王交代的任务，同时发现了浮力定律，即著名的阿基米德定律。

3.2 创新思维的影响因素

怎样才能具备创新思维呢？首先要清除创新思维的障碍。这些障碍主要有思维定式、思维惯性和思维封闭。

3.2.1 思维定式

思维定式是心理活动的一种准备状态，是过去思维对当前思维的影响，对人们平时思考问题有很多好处，它可以让人省去探索问题的步骤、缩短思考时间、提高行动效率等。但如果人一直受到过去思维的影响，则会影响创新思维的产生。思维定式常有以下几种表现：

（1）对经验的迷信

有一则故事：一头驴子驮盐渡河，在河边滑了一跤，跌在水里，盐溶化了。驴子站起来时，感到身体轻松了许多。驴子非常高兴，以为获得了经验。后来有一次，它驮了棉花，以为再跌倒可以同上次一样轻松，于是走到河边的时候，便故意跌倒在水中。可是棉花吸收了水，驴子非但不能再站起来，而且一直向下沉，直到淹死。驴子为何死于非命？一个很重要的原因是它机械地套用了经验，受了经验偏见思维的影响，未能对经验进行改造和创新。

（2）对书本的迷信

历史故事马谡失街亭、赵括纸上谈兵就是很好的例证。

（3）对权威的迷信

这种人认为只有大人物才能创新，普通人很难，以致没有独立思考，盲目相信权威。英国著名核物理学家卢瑟福（Rutherford）认为：“从分裂的原子中产生能量，是一种毫无意义的事情。任何企图从原子蜕变中获得能源的人，都是在空谈妄想。”但数年以后实用的原子能就问世了，目前原子能已经成为我们主要的新能源。同样，英国皇家学会会徽上也刻有这样的铭文：不迷信权威，不人云亦云。

（4）盲从众人

从众心理，就是个体盲目、有理无理地顺应群体。从众有时是必要的，但盲目从众会让人失去独立思考的能力，淹没人的个性，阻碍人产生独创意识。

案例推送

有笼必有鸟——心理定式

一位心理学家曾和他的朋友乔治打赌说：“如果给你一个鸟笼，并挂在你房中，那么你就一定会买一只鸟。”乔治同意了打赌。于是，心理学家就买了一只非常漂亮的瑞士鸟笼给他，乔治把鸟笼挂在起居室的桌子边。结果大家可想而知，人们走进来看到鸟笼时就问：“乔治，你的鸟什么时候死了？”

乔治立刻回答：“我从未养过一只鸟。”

“那么，你要一只鸟笼干吗？”

乔治无法解释。后来，只要有人来乔治的家，就会问同样的问题。乔治因此很烦躁，为了不再让人询问，乔治干脆买了一只鸟关进了鸟笼里。

心理学家后来说，去买一只鸟比解释为什么他有一只空鸟笼要简便得多。人们经常首先在自己头脑中挂上鸟笼，最后就不得不在鸟笼中装上些什么东西。

3.2.2 思维惯性

惯性思维是指当前的思维沿以前的思考路径继续延伸，并暂时地封闭了其他的思考方向。英国作家贝弗里奇（Beveridge）在其《科学研究的艺术》一书中解释了惯性思维："我们的思想越多次采取特定的一种思路，下一次采取同样思路的可能性就越大。在一连串思想中，一个个观念会产生联系，这种联系每被利用一次，就变得越加牢固，以致它们很难被破坏。这样，就像形成条件反射一样，思考就受到了条件的限制。我们很可能具备足够的资料来解决问题，然而，如果采用了一种不利的思路，问题考虑得越多，采取有利思路的可能性就越小。"

── 案例推送 ──•

阿西莫夫的智商

阿西莫夫是美籍俄国人，世界著名的科普作家。他曾经讲过这样一个关于自己的故事。

阿西莫夫从小就很聪明，年轻时多次参加"智商测试"，得分总在 160 分左右，属于"天赋极高"之人。有一次，他遇到了一位汽车修理工，是他的老熟人。

修理工对阿西莫夫说："嗨，博士，我来考考你的智力，出一道思考题，看你能不能正确回答。"阿西莫夫点头同意。修理工便开始出题："有一位聋哑人，想买几枚钉子，就来到五金商店，对售货员做了这样一个手势：左手食指立在柜台上，右手握拳做出敲击的样子。售货员见状，先给他拿来一把锤子，聋哑人摇摇头。于是售货员明白了，他想买的是钉子。"

"聋哑人买好了钉子，刚走出商店，接着进来一位盲人。这位盲人想要一把剪刀，请问，盲人将会怎么做？"

阿西莫夫顺口答道："盲人肯定会这样——"他伸出食指和中指，做出剪刀的形状。

听了阿西莫夫的回答，汽车修理工开心地笑起来："哈哈，答错了吧！盲人想买剪刀，只需要开口说'我买剪刀'就行了，他干吗要做手势啊？"

阿西莫夫只得承认自己回答得很愚蠢。

线性思维模式有两个基本特点：第一，把多元问题变为一元问题。客观对象所包含的问题往往是多元的，线性思维模式要求把其中一个问题突出出来、撇开其余问题，或者把复杂问题归结为一个简单问题予以处理。第二，用一维直线思维来处理一元问题，使之成为具有非此即彼的答案的问题，并排除两个可能答案中的一个。

案例推送

引火烧身——线性思维

一个漆黑的夜晚，老王开着一辆"除了喇叭不响什么都响"的北京吉普外出，车在半路抛了锚，他初步判断是油耗尽了，便下车检查油箱。老王因为没带手电筒就顺手掏出打火机照明，随着"轰"的一声巨响，他就什么也不知道了……等醒来时他发现自己正躺在医院的病床上。是一位路过的好心司机把他救了，车报废了，脸毁了容，万幸的是命总算捡了回来。老王说："当时只是想借打火机的光，看清油箱里究竟还剩多少油，根本不承想打火机的火会引爆油箱并引火烧身。"这就是典型的"线性思维"惹的祸。

人们总是习惯基于过去经验来思考问题，一旦有了自认为可行的想法，就很难再考虑其他想法。习惯有助于日常生活和工作，可以让我们做事情驾轻就熟，提高效率，甚至可以帮助我们解决90%或95%以上的问题。但过于依赖习惯，则会有碍于状态的改变，有碍于困难和需要创新的问题的解决。

3.2.3 思维封闭——霍布森选择

思维封闭是指看不到客观世界、环境系统的开放性。它规定了人的思维活动总是朝着单向选择进行，不去寻找新的视角或开辟其他可能存在的认识途径。这种封闭性和趋同性思维方式在心理上的长期积淀，会使个体在创新过程中失去自身的自由活力和创造精神。

案例推送

霍布森选择效应（Hobson Choice Effect）

在300多年前英国伦敦的郊区，有一个人叫霍布森。他养了很多马，高马、矮马、花马、斑马、肥马、瘦马都有。他就对来的人说："你们挑我的马吧，可以选大的、小的、肥的，可以租马，可以买马，你们都可以选呢。"挑马的人非常高兴地去选了，但整个马厩只有一个很小的门，选多大的马也出不来。

后来诺贝尔奖获得者赫伯特·亚历山大·西蒙（Herbert Alexander Simon），就把这种现象叫作霍布森选择效应。

霍布森选择效应说明，一个人的思维、一个人的境界如果受限在一定范围，没有打开，没有上层次，结果就是别无选择。

要避免陷入霍布森选择效应的困境，就要克服思维方式上的封闭性和趋同性，去充分认识客观世界，了解系统环境的开放性，开拓视野的多维性。《中国大趋势》一书中说过，当今是一个"从非此即彼的选择到多种多样选择"的时代。他认为人们学习、工作的目标通常是一个集合而不是一个点，并且达到目标的方式或途径可以有很多种。

3.3 创新的思维形式

创新思维有许多种，较常用的有逆向思维、发散思维、联想思维、灵感思维、直觉思维。

3.3.1 逆向思维

逆向思维也称反向思维或求异思维，是从与常规思路相反的方向去认识问题或寻求解决问题的思维。"反其道而思之"，让思维向着问题对立面的方向发展，从问题的相反面进行深入探索。逆向思维在现实中运用得十分广泛，是一种重要的创新思维方式。

─ **案例推送** ──●

> ### 吸水纸的由来
>
> 　　20 世纪 40 年代，德国一家造纸厂在生产纸的过程中，忘记放糨糊，结果生产出来的纸不能用墨水来写字，因为一写字马上就模糊了。这批纸成了不能写字的废纸。
>
> 　　老板非常恼火。这时一位员工说："我们想一想办法，看看能不能'将功补过'吧！"
>
> 　　于是，他们就动手试验起来，这些人发现写在纸上的墨水很快能被这种纸吸去，于是发明出一种新的产品——吸水纸，这样，这批被认为是废品的纸就被巧妙地利用起来了。

　　吸水纸的发明就是逆向思维法的胜利，从失败的反面进行创新思考，结果使"废纸"找到新的用途，也创造了一个崭新的市场。

　　如何进行逆向思维？

　　①就事物依存的条件逆向思考。如司马光救人是打破缸，使水脱离人。

　　②就事物发展的过程逆向思考。如人上楼梯是人走路，而乘电梯是路走、人不动。

　　③就事物的位置逆向思考。如开展"假如我是某某"活动。

3.3.2　发散思维

　　发散思维是最基本的创新思维方法，是创新思维的核心，是一种开放型思维。发散思维（又称扩散思维）是对同一问题从不同层次、不同角度、不同方面进行思索，从而求得多种不同甚至奇异答案的思维方式。

　　发散思维不拘于传统，鼓励从已知的领域去探索未知的世界。发散思维具有以下四个特点：多向性、灵活性、开放性与独特性。多向性是指从问题的各个方向去思考，避免单一、片面的思维方式；灵活性是指在各个方向之间灵活转移；开放性是指从每个思路都可以思考下去，没有任何限制；独特性是强调思路的特殊性、奇异性，富有创新性。在一定程度上，创新能力的差别体现在发散思维能力上。

　　怎样才能达到照明的目的？点油灯，开电灯，点蜡烛，用镜子反射太阳光，划火柴，烧纸片，用手电筒，点火把，燃篝火，办法越多越好……爱迪生在试制灯泡丝时，实施了成千上万个不同类型的方案，一直到最后找到碳化丝才宣告成功。

一位心理学家曾经出过这样一道测验题：在一块土地上种植四棵树，使每两棵树之间的距离都相等。受试的学生在纸上画了一个又一个的几何图形：正方形、菱形、梯形、平行四边形……然而，无论什么四边形都不行。这时，心理学家公布了答案：其中一棵树可以种在山顶上！这样，只要其余三棵树与之构成正四面体的话，就能符合题目要求了。这些受试的学生考虑了那样长的时间却找不到答案，原因在于他们没有学会使用一种创造性的方法——立体思维。

发散思维可以为随后的聚合思维提供尽可能多的解决方案。聚合思维是将各种办法、方案加以分析、比较，进而为创新选择方向。在创新活动中，只有通过发散思维提出各种新的设想，才可通过聚合思维从中挑选出好的设想。因此，发散思维在创新思维的前期起着主导作用，它能使人开阔思路，突破思维定式的束缚，使人产生许多新奇、独特的想法；聚合思维在创新思维的后期起主导作用，它能从众多想法中选择最优的解决办法。只有把发散思维和聚合思维辩证统一起来，才能真正理解、发挥发散思维的作用。

案例推送

微信 WeChat 功能

微信业务负责人、腾讯公司副总裁张小龙在接受媒体采访时表示，在 2010 年国外的 KiK 这类应用呈现崛起之势时，他便向腾讯高层建议启动一个关于手机通信工具类的项目。这个想法得到腾讯 CEO 马化腾的支持。

2011 年 1 月，微信正式推出，并且随着其功能不断丰富，吸引了越来越多的用户。

微信是新一代支持发送语音短信、视频、图片和文字的即时通信社交平台软件，通过通讯录、QQ 好友和搜附近的人等功能使用户之间形成一种强连带关系，同属于一个团体且彼此间交叉互动频繁，信息流遁十分迅速，用户黏性较强。

微信通过设置扫一扫、摇一摇、游戏中心、微信支付、公众账号、我的收藏、绑定邮箱、腾讯新闻、发送地址等功能，将其自身打造成一个自媒体生态链条，用户可以在微信上完成资讯、社交、娱乐、购物等生活需要，这就大大增强了微信对用户碎片化的生活空间的触及，有效提升了微信的数据价值。

3.3.3　联想思维

联想思维是指人脑记忆表象系统中，某种诱因导致不同表象之间发生联系的一种没有固定思维方向的自由思维活动。其中，幻想尤其是科学幻想，在人们的创新活动中具有重要的作用。幻想是创新想象的特殊形式，是一种指向未来的想象。科学幻想能使人们跨越时空的限制，展望未来的新事物。

─ 案例推送 ────•

钢盔的发明

　　二战时期，一天，法国将军亚德里安去医院看望伤兵，一名伤兵向他讲述了自己受伤的经过。在德军实施炮击时，这个士兵正在厨房值日，炮弹劈头盖脸地打来，弹片横飞。士兵急中生智，忙把铁锅举起来扣在头上，结果很多同伴都被炸死了，而这个士兵只受了点轻伤。

　　亚德里安由此联想到，如果战场上人人都有一顶铁帽子，不就可以减少伤亡了吗？于是，他立即指定一个小组进行研究，制成了第一代钢盔，并在当年装备了部队。据统计，在第二次世界大战中，世界各国的军队由于装备了钢盔，有几十万人免于死亡。

联想思维具有连续性、形象性、概括性的特点。联想思维法则包含以下几个方面：

（1）相似联想法则

相似联想法则是联想思维的最基本的法则，是指尽量根据事物之间的形状、结构等方面的相似点进行联想，受到启发从而创新，如由鲨鱼皮联想到制作游泳衣。

相似联想的对象之间有一定的相似性，或在结构方面，或在功能方面。例如灯和蜡烛都能发光；鸟和飞机都能在天上飞；蜜蜂和蚂蚁都很勤劳。再如，加拿大某所大学图书馆的一批珍贵图书被水泡湿了，如果采用传统的干燥方法，这批图书就毁了。有一位图书管理员想到罐头制作采用的是低温存放和真空干燥的方法，可以排除水果中多余的水分，便建议拿一本书试一试这种方法是否有效。大家按照这个主意，先将书放进冰箱中冷冻，然后放入真空干燥箱中进行干燥，果然这本湿漉漉的书中的水分都散尽了。运用这种方法，这批被水泡湿了的珍贵图书都恢复了原貌。将湿漉漉的图书进行干燥与将水果进行干燥存在一定的相似性，所以可以用相似的办法来处理，这就是相似联想。

（2）相关联想法则

相关联想法则是指在思考问题时，尽量根据事物之间在时间或空间等方面的彼此接近之处进行联想。例如，由电视想到电脑，由手机想到电话，由地板想到墙壁再想到窗户，这是最容易产生的一种联想。

（3）对比联想法则

对比联想法则是指在思考问题时，尽量将在形状、结构等方面存在差异甚至完全不同的事物放在一起进行联想。例如，由美的想到丑的，由高的想到矮的，等等。

— 案例推送 —

> **商标的变换**
>
> 鲍罗奇是一位专营食品的美国企业家，他公司的注册商标图案原来是一个"胖墩"形象，产品在第二次世界大战期间销路很好。但随着时间的推移，与胖墩商标联想在一起的食品销路越来越差。
>
> 既然"胖"不行，那么"瘦"怎么样？鲍罗奇想。于是他将商标图案改成了"瘦条"形象，结果这一微不足道的改动起到了立竿见影的效果，产品销路大开。
>
> 原来在二战期间，肥胖象征着财富和安乐，因此"胖墩"的销路当然不错。可随着人们生活水平的提高，减肥运动悄然兴起，这时，"瘦条"形象反而能迎合减肥新潮流。因此，鲍罗奇运用对比联想做出的这一改动使自己公司的食品销量大增。

（4）因果联想法则

因果联想法则是指由于两个事物存在因果关系而引起的联想。这种联想往往是双向的，既可以由起因想到结果，也可以由结果想到起因。

在具体的创新活动中，上述法则往往是互相结合、交叉使用的。

─ 案例推送 ──────●

> **水泥肥料**
>
> 　　澳大利亚甘蔗种植人在收获时发现，有一片甘蔗田的产量意外地提高了 50%，原因何在呢？他们回忆起：在种植甘蔗前一个月，有一些水泥洒落在这片田地里。难道这就是甘蔗高产的原因吗？经过反复研究，他们发现正是水泥中的硅酸钙使这片酸性土壤得到了改良，从而提高了甘蔗产量。于是，他们创造出了水泥肥料。

3.3.4　灵感思维

　　灵感思维是一个过程，也就是灵感的产生过程，即经过大量的、艰苦的、长期的思考之后，受到某些事物的启发或在转换环境时，突然得到某种特别的创新性设想的思维方式，正可谓"踏破铁鞋无觅处，得来全不费工夫"。它不是一种简单的逻辑或非逻辑思维的活动，而是逻辑思维与非逻辑思维相统一的理性思维过程。

　　灵感与创新可以说是息息相关的。灵感不是神秘莫测的，也不是心血来潮，而是人在思维过程中带有突发性的思维形式长期积累、艰苦探索的一种必然性和偶然性的统一。

　　（1）灵感思维的特点和分类

　　灵感思维有四大特点：突发性、模糊性、独创性和非自觉性。灵感思维不是在显意识领域单纯地遵循常规逻辑过程而形成的，所以灵感直觉思维产生的程序、规则以及思维的要素与过程等都不是能被自我意识清晰地意识到的，而是模糊不清、"只可意会不可言传"的。独创性是定义灵感思维的必要特征。不具有独创性，就不能叫灵感思维。其他的思维活动都是一种自觉的思维活动，而灵感思维的突出性必然带来它的非自觉性。

　　灵感思维的分类如下表所示。

灵感思维的分类

类型	具体解释
自发灵感	由大量的潜意识活动产生的灵感
诱发灵感	思考者根据自身的爱好、习惯等，选择某种方式主动促使灵感产生，如听音乐、散步
触发灵感	因接触某些事物而受其启发产生的灵感，如声音驱蚊、光线驱蚊
迸发灵感	在超常规的、急迫的事情面前，保持充分镇静并开动脑筋，从而产生的灵感

灵感的出现常能带给人们渴求已久的智慧之光。例如，德国化学家凯库勒长期从事苯分子结构的研究，一天他梦见一条蛇咬住它自己的尾巴形成环形而突发灵感，因而得出苯的六角形结构式。因此，灵感不是唯心的、神秘的东西，而是客观存在的，是思维的特殊形式，是一种顿悟。科学史上许多问题就是靠这种灵感奇迹般得到解决的。

（2）引发灵感常用的方法

①观察分析。科技创新活动，自始至终都离不开观察分析。观察，不是一般地观看，而是有目的、有计划、有步骤、有选择地去观看和考察所要了解的事物。通过深入观察，可以从平常的现象中发现不平常的东西，可以从貌似无关的两种事物中发现相似点。在观察的同时必须进行分析，只有在观察的基础上进行分析，才能引发灵感，形成创造性的认识。

②启发联想。新认识是在已有认识的基础上发展起来的。旧与新或已知与未知的联结是产生新认识的关键。因此，要创新，就需要联想，以便从联想中受到启发，引发灵感，形成创造性的认识。

③实践激发。实践是创新的阵地，是灵感产生的源泉。实践激发，既包括现实实践的激发，又包括过去实践体会的升华。各项科技成果的获得，都离不开实践的推动。在实践活动过程中，解决问题的迫切需要促使人们积极地思考问题，废寝忘食地钻研探索。由于科学探索的逻辑起点是问题，因此，在实践中提出问题、思考问题、解决问题，是引发灵感的有效方式。

3.3.5 直觉思维

直觉思维是一种具有跳跃性的思维形式。它是指人在现有知识、经验的基础上，凭感觉直观地把握事物的本质和规律，迅速解决问题或对问题做出某种猜想或判断的思维活动。

（1）直觉思维的特点

一是直接性和高效性。直觉往往是从总体上对问题进行把握，从问题的已知信息入手，没有机械的、按部就班的逻辑推理环节，是从起点一下子跳到终点，直接触及问题的要害。

- **案例推送** ——•

> ### 鱼雷和肥皂
>
> 　　第一次世界大战期间，鱼雷已被公认为是仅次于火炮的舰艇主要武器。当时德国海军装备的鱼雷的速度特别快，1914～1918 年共击沉协约国商船总吨位达 1200 万吨，给协约国的商船以重创。
>
> 　　作为协约国之一的美国，当时它的鱼雷的速度并不快，德国军舰发现后只须稍稍改变航向就能避开美军鱼雷的攻击。怎样在短时间之内提高鱼雷的速度，提高美军鱼雷的命中率，这是让美军颇为头疼的大问题。
>
> 　　眼看着商船被德军的鱼雷屡屡袭击，美国海军部门只好把这一难题交给发明家爱迪生去解决。
>
> 　　爱迪生接到这一任务后，既没有做任何调查，也没有经过任何计算，便提出一种与众不同的解决办法：他让人做了一块鱼雷那么大的肥皂，用军舰在海上把这块鱼雷大的肥皂拖行了几天，由于海水的阻力作用，肥皂变成了流线形，爱迪生让鱼雷制造厂按这块肥皂的形状制造鱼雷，果然收到奇效，鱼雷的速度比以前提高了，命中率也大为提升。
>
> 　　有时候，直观的方法比那些高深的理论更实用。

　　二是敏感性和预见性。直觉是瞬间的感觉，非常敏感。科学家和发明家的直觉都是非常敏感的，这种敏感性往往体现在对问题答案的预见性上。对法国物理学家贝克勒尔（Becquerel）发现"铀"的放射性，居里夫人凭直觉认为铀射线是一种原子的特性，除铀外，还会有别的物质也具有这种特性。不久后她发现另外一种物质——"钍"也能自发发出射线。此后她又开始测量矿物的放射性，发现了钋和镭。

　　三是结论的不确定性。直觉思维的成果往往只是建立在经验基础上的一种猜测，其正确性有待于实践进一步的检验和证明。

　　（2）直觉思维的作用

　　首先，有助于作出选择。在创新过程中，常常会遇到许多复杂的情况，往往需要我们从许多种方案中选择最优方案，怎样选择呢？实践证明，仅仅依靠逻辑思维是无法完成的，有时候必须依靠直觉。

　　其次，有助于作出创造性的预见。有着渊博知识和丰富经验的创造者，凭借卓越的直觉思维能力，常常能够在纷繁复杂的科学研究中，敏锐、直观地觉察到某一科学现象背后隐藏的科学奥秘，从而创造性地预见在这方面很有可能产生的新思想、新理论或新成果。

（3）直觉思维的培养途径

一是通过社会实践，二是掌握丰富的知识、经验，三是勤奋思考。

创新思维是多种思维方式综合运用的结果，它是形象思维和抽象思维的统一、逻辑性思维与非逻辑性思维的统一，也是发散思维和集中思维的统一。在诸种思维方式协同作用时，发散思维是主要的。

3.4 通过创新思维提高创造力

3.4.1 对创造力的认识

创造力作为人类特有的一种综合性本领，是由知识、智力、能力及优良的个性品质等复杂因素优化构成的，是人们在学习和继承前人知识、经验的基础上，提出新概念、新思想、新技术、新方法、新设计等独特的见解和完成创造发明的能力，以及成功地完成某种创造性活动所必需的心理品质。创造力是创新力和创新活动得以实现的重要因素，如理论创新、技术创新、产品创新、方法创新等都是创造力的表现。

创造力与一般能力的区别在于它的新颖性和独创性。它的主要组成部分是发散思维，即无定向、无约束地由已知探索未知的思维方式。按照美国心理学家吉尔福德的看法，发散思维表现为外部行为，也代表了个人的创造能力。

（1）创造力的构成

一是作为基础因素的知识，包括吸收知识的能力、记忆知识的能力和理解知识的能力。吸收知识、巩固知识、掌握专业技术和实际操作技术、积累实践经验、扩大知识面、运用知识分析问题，是产生创造力的基础。任何创造都离不开知识，丰富的知识有利于人们提出更多更好的创造性设想，并对设想进行科学的分析、鉴别与简化、调整、修正，有利于创造方案的实施与检验。这是创造力的重要内容。

二是以创新思维能力为核心的智能。智能是智力和多种能力的综合，既包括敏锐、独特的观察力，高度集中的注意力，高效持久的记忆力和灵活自如的操作力，也包括创新思维能力，还包括掌握和运用创造原理、技巧和方法的能力等。

三是创造个性品质，包括意志、情操等方面的内容。它是在一个人生理素质的基础上，在一定的社会历史条件下，通过社会实践活动形成和发展起来的，是在创造活动中表现出来的创造素质。优良素质对创造极为重要，是构成创造力的又一重要部分。优良的个性品质，如强烈的进取心和求知欲、坚忍顽强的意志、积极主动的独立思考精神等，是发挥创造力的重要条件和保障。

总之，知识、智能和优良的个性品质是构成创造力的基本要素，它们相互作用、相互影响，决定创造力的水平。

（2）创造力的特征

创造力的核心和基础是创新思维，而发散思维又是创新思维的核心。

发散思维有三个特征：流畅性，即反应既快又多，能够在较短的时间内表达出较多的观念；变通性，即思维能随机应变，举一反三，不易受功能固着等心理定式的干扰，因此能产生超常的构想，提出新观念；独特性，即对事物有不寻常的独特见解。

（3）创造力与智力水平的关系

创造力与一般能力（智力）有一定关系。吉尔福德综合以往学者的研究结果，用统计方法分析并总结出智力与创造力的关系。通常以智力测验分数表示智力水平，以创造力测验（主要测发散性思维能力）的分数表示创造力水平，求二者相关程度，以推知其关系。这表明智力是创造力发展的基本条件，智力水平过低者不可能有较强的创造力。但在现实情境中也有例外。

瓦勒茨（M. A. Wallach）和温（C. W. Wing）将大学一年级学生的发散思维能力与其学业能力倾向（作为智力测验）的分数相比较，结果证明二者很少有直接的相关性。

耶莫莫托（K. Yamomoto）的研究认为，智商在 90 分以下者，其智力与创造力的相关系数为 0.88；智商在 90～110 分之间者，其智力与创造力的相关系数为 0.69；智商在 110～130 分之间者，其智力与创造力的相关系数为 -0.30；智商在 130 分以上者，二者的相关系数为 -0.09。这就是说，智商在 110 分以下者，高智商与高创造力是相伴随的，高于 110 这个点时二者就很少相关或无关。其他许多类似的研究也都证明了这一理论，这些论据都支持创造力必须以一定数量的智商（智力）为阈限点，超过了这个阈限的临界点，创造力与智力的关系就是微弱的。

3.4.2　如何培养创造力

（1）打造有利于个体创造力发展的环境

社会文化环境的建设对于群体创造力的影响至关重要。我国春秋战国时期人才济济、百家争鸣，古希腊和文艺复兴时期之所以能产生"流芳百世"的创造性成就，均得益于当时开放的文化环境。近现代以来西方国家的经济和科技之所以高速发展，成功经验之一就是实行了开放包容的文化政策。

（2）加强人文素质教育

美国对 130 多名科学家所作的五年追踪调查表明：有成就的科学家极少数是只精熟一门学科的"专才"，绝大多数是具有多学科知识背景的"通才"。加强人文素质教育除了有利于营造培养创新人才所需要的文化环境，还能够完善个体的思维方式，有利于他们想象、直觉、感悟等形象思维的培养。

（3）变革创新教育

长期以来，人们对创造力开发知之甚少，甚至存在一些错误的认识。秉持"创造力只是极少数天才人物才具有的"这种观点的人为数不少。美国创造学家奥斯本曾说，任何人或多或少都具有独创性的潜在能力。因此，创新教育应通过对传统教学模式的变革，推行教学的个性化模式，重视发展学生的个性、特长和爱好，注重发现和培养有特殊才能的学生，助其形成"创造力开发—综合素质提高—创新"的全新思维与意识。

（4）重视创新人格的培养

具有创造性的人不受陈旧习惯思维的束缚，不受传统文化知识和环境的限制，敢于尝试采用新的方法对新的问题加以研究；在现实面前，不满足当前的条件，能主动地想办法革新，遇到困难与挫折也不轻易改变自己的看法，能坚持己见；当发现自己选择的方法错误或观点不正确时，能迅速转换思维，改正得也快；在研究问题时，目标明确，能以问题为中心进行思考，而不以自我情绪为转移，能批判性地分析问题的各个方面，作出自己的评价与判断。

3.5 企业的创新思维与创新能力

3.5.1 企业的创新思维与创新能力内涵

创新是一种文化，是一种理念，更是一种行为。在当今这样一个讲创新的时代，每家企业、每个组织、每个人都面临着创新问题。前面四小节着重从个体层面论述分析，本小节将从企业层面介绍创新思维与创新能力。

美国经济学家熊彼特在《经济发展理论》一书中提出：创新就是建立一种新的生产函数，是重新组合生产要素；而企业家的职责就是实现创新，为企业引进新组合。熊彼特对创新的阐述侧重于创新对宏观经济体系的影响，而管理大师彼得·德鲁克则是从企业层面定义创新：创新是企业家通过创造新的资源从而生产财富，或是重新组合已有资源，使这些旧的资源具有产生更多财富的方式。德鲁克认为，企业要么灭亡，要么创新，创新能力决定企业的成败。

企业创新能力是指促进并支持企业创新战略实现的一系列组织资源的综合反映，是企业创造创新产出的潜力。

作为企业创新的核心环节，创新思维既是企业形成竞争优势的重要武器，也是推动企业发展的灵魂。创新思维是指突破传统思维习惯，运用非常规的方法或独特的视角来思考问题，提出与众不同的、有效的解决方案。企业要想实现从要素驱动向创新驱动转变，形成产品和服务领先的发展态势，创新思维不可或缺。

3.5.2　企业创新能力的影响因素

影响企业创新能力的因素主要有以下五个方面：创新意识、创新投入能力、创新产出能力、创新活动管理能力、创新方式。

（1）创新意识

创新意识对于企业创新活动的开展有很大影响。企业内部影响创新意识的因素主要有三个。首先，企业家是企业的灵魂，其创新欲望对企业的影响十分重大。世界上许多著名的公司，比如 IBM、微软等，其高层管理者都极富创新精神，有很强烈的创新欲望。企业家除了有创新的欲望，还要有创新的规划能力，也就是能从企业战略发展的角度对企业自主创新做出长远规划。其次，企业要具有创新型的企业文化。企业要想持续地创新，除了企业家要有创新意识之外，在整个企业内部也应该形成一种创新共识，这就需要建立一种创新型的企业文化。许多知名公司都将创新作为自己企业文化的一部分，给予员工足够大的空间去创造最大的价值，激发管理者和员工的创新意识，让每一位员工都有创新的欲望和动力，并始终与公司的目标保持一致。最后，企业的信息渠道要畅通。企业的创新活动不能盲目进行，企业要随时了解新技术、新产品的发展动态，并且把握好市场需求，只有在充分掌握各种信息的基础上，企业才能做出正确的创新决策。

（2）创新投入能力

创新是一种高投入的活动，往往需要调动企业大量的资源，包括财力、物力、人力等。没有资源的投入，创新根本无从谈起。企业投入的研发费用、研发人员等将直接影响企业的自主创新能力。比如，微软在视窗操作系统领域一直是全球的领跑者，这背后是其强大的研发投入能力，2008年全年微软用于研发的投入高达90多亿美元。此外，创新投入是一种持续的投入，需要源源不断地注入新的资源，否则企业的创新将失去活力。影响创新投入能力的因素有很多，主要是每年R&D的投入，包括经费、人员等方面，这是保证R&D正常进行的基本要求。但是，创新投入不是一次性的，有些创新活动需要长期地试验与研究，创新活动也需要一定的经验积累，经验的积累也需要时间。所以，R&D投入的增长变动情况是影响创新投入能力的一个重要因素。另外，企业内从事R&D的人员的素质对企业的创新也有影响。高素质的人才往往创新能力强。有些企业科研人员很多，但科研能力不强，白白占用企业的资源，这也是高素质人才被许多企业争夺的深层原因。企业通过一些内部的培训和员工教育，可以提高员工的素质与创新能力。

（3）创新产出能力

创新从某种程度上说是一种冒险，因为要做别人没有做过的事情，所以创新的失败率是很高的。创新失败会对企业产生负面影响，创新需要大量财力、人力的投入，一旦失败，企业将遭受损失，这也是许多企业不愿意创新的原因。所以，影响企业自主创新能力很重要的一个方面就是产出能力。如果一个企业的决策者十分重视创新，对创新的投入也很多，但始终没有创新产出，这就是企业产出能力低下，长此以往，企业的创新将难以为继。反映企业创新产出能力的因素突出表现在专利发明和新产品市场占有率两个方面。企业创新成果的数量和质量都能影响企业的产出能力。企业每年获得科研成果奖项的数目能够在一定程度上反映出企业创新成果的质量。企业以盈利为目的，这是企业创新的动力来源，企业创新的成果在市场上的反应也是影响企业创新产出能力的因素。若新产品的市场接受程度高，则说明企业产出能力强；若新产品不被市场认可，则说明企业产出能力弱。

（4）创新活动管理能力

创新活动具有长期性、复杂性、高风险性等特点，因此对创新活动的管理有很大的难度。企业在创新过程中遇到困难时，是否能有效、合理地调度企业资源来支持创新，将影响创新活动的进行，这是对企业创新活动管理能力的一种考验。

影响创新活动管理能力的因素主要表现为三个方面。首先是资本管理能力。创新需要大量资金的投入，一般情况下，企业用于创新的资金不仅来自自身积累，还要靠企业融资，尤其是在创新的开始阶段，这时候创新还不能为企业带来收益，企业的融资能力就显得尤为重要，能否融到资金将关系企业的创新是否能够继续进行。其次是创新激励机制。创新是人的一种创造性活动，适当的激励措施能够激发人的创造性，所以企业内部有效的创新激励机制是影响创新活动管理能力的重要因素。最后是社会网络与合作。在创新过程中，企业外部有许多社会资源可以利用，比如科研院所、高等院校等，与这些机构合作，可以提高企业创新的效率，增强企业创新活动管理能力。所以，企业社会网络以及与其他科研机构合作的程度也是衡量企业创新活动管理能力的重要方面。

（5）创新方式

一般来说，企业的创新方式包括原始创新、集成创新，以及引进、消化、吸收再创新。国内强调得比较多的是原始创新。事实上，原始创新、集成创新，以及引进、消化、吸收再创新，这三个方面都是自主创新。集成创新侧重于创造性思维的加入，是应用比较广泛的创新方式，既可以提高创新的效率，又可以提升企业的自主创新能力。创新方式的选择要根据企业的实际情况，从企业自身现有的创新能力出发。

3.5.3　企业创新能力的积累与提升

市场需求、经济社会价值指向是创新能力提升的动力源泉。企业创新能力是促进并支持企业创新战略实现的一系列组织资源的综合反映，集中反映了"企业创造创新产出的潜力"。自 BURNS 等提出企业层面的创新能力概念以来，企业创新能力对企业绩效的推动作用已经被广泛证实。全面而准确地评价企业的创新能力，不仅有助于外界了解企业的成长潜力和成长可持续性，而且能为企业客观地认知自身、制定竞争战略和提升竞争能力提供指导。

不同的创新方式体现出的企业自主创新能力是不同的。原始创新对企业创新投入的能力要求较高，但创新的效率并不一定最高，许多企业进行科研开发要很长时间才能看到成果，但创新成果的价值往往很高。引进、消化、吸收再创新是目前国内企业比较偏好的创新方式。

创新能力是创新活动得以实现的重要因素，是指人们在学习和继承前人知识、经验的基础上，提出新概念、新思想、新技术、新方法、新设计等独特的见解和完成创造发明的能力。创新能力是一种综合能力，以广博的知识为基础。它并非间接作用于创新实践活动，而是直接影响和制约着创新实践活动的进行，是创新实践活动赖以启动和运转的操作系统。随着创新实践活动的开展，主体创新能力的大小就决定了创新实践活动方式的选择。

创新是一个从渐进式创新到突破式创新的连续统一体。渐进式创新是在已有市场或技术、组织过程范畴内的创新，其市场风险和财务风险较低，是企业创新能力的积累；突破式创新是开发全新的产品，根本性地改变现有市场或行业的需求，破坏或瓦解市场中现存的商业主体，并创造具有重大社会影响力的全新市场或商业实践。

▶ **重要概念**

创新思维；思维定式；思维惯性；逆向思维；发散思维；联想思维；灵感思维；直觉思维；创新能力。

▶ **思考题**

1. 如何突破创新思维的三大障碍？

2. 创新思维的主要思维形式各自具有哪些特点？

3. 创新能力由哪几方面构成？创新思维在其中发挥怎样的作用？

4. 影响企业自主创新能力的主要因素有哪些？

第4章 创新过程与方法

学习目标

掌握创新过程的模型及其阶段划分的具体特征；

掌握创新方法的内涵；

理解创新管理的方式；

了解创新方法的应用。

▶ 引例

破茧成蝶，方得始终

编者按：以下是青岛青理印象文化传播有限公司创始团队（李家兴、王成、肖天帅、廖建琼、陈祖琪）关于他们创业经历的叙述。

创新创业并不是一条最好走的路，却是我坚定选择的路。大二的时候，选择在创业中实现自我价值，在创新中找到心灵归属，是我大学时光中一个无比重要的决定。

首先，创业需要商机，需要找到市场所在。我和公司其他创始人都是比较感性的人，所以最开始的关注点就是校园文化。当发现这一市场空缺时，我们一方面是希望自己能够做点什么来改变现状，另一方面则考虑或许有很多人同我们一样，他们也希望所在学校能够有一些自己的文化产品，可以留作纪念。我们所想的，也是别人需要的，由此开始了我们的创业计划。

一份简明严谨而又不失细节的创业计划书，标志着创业开始了。你尝试过五个人因为对某个问题有不同的看法，然后为了说服对方或者综合意见找出最优解决方案而一直谈论到深夜吗？当一个最初的想法落实成条理清晰的文字时，大家会感到无比自豪。创业最忌讳的事情之一就是盲目，当你有了清晰可循的目标、精准的市场定位以及合理的人员分配方案时，创业就可以真正开始了。

其实这个世界上没有什么事物是唾手可得的，在获得成功之前都必须付出相应的努力。经过认真的市场调研，我们发现对城市文化和校园文化衍生产品有需求的人不少，尤其是毕业生以及新生，他们更倾向于拥有一些属于自己校园特色的纪念品。所以，我们把产品定位在校园特色以及青岛特色上，以满足这些拥有一份情怀的客户的需求。于是，我们就慢慢有了"青理印象"明信片、定制的水杯、独一无二的书签、实用而且精美的U盘等产品，这些产品不仅能满足客户物质上的需要，而且能给他们带去一份有关青春的记忆。

古语云，"君子用人如器，各取所长"。作为一个团队的管理者，必须知人善用。一家有发展潜力的公司，不仅要有质量过硬的产品，还需要一个可以创造无限价值的团队。合理的工作分配，才能让公司保持向上的步伐，在保证品质的同时不失速度，这就是我们都需要的效率。我们五个创始人都是学生，各有所长，每个人都有自己负责的工作。后期招募员工时我们也是严格筛选，保证最后留下的都是积极向上且有一定能力的人。

在通过入驻学校孵化基地申请的答辩后，我们拥有了人生第一间属于自己的办公室。随之而来的工作就是策划宣传、举办比赛来提升公司知名度以及聘请新员工，等等。我们完全进入了一个从没接触过的世界，从最开始的手足无措到慢慢可以掌控局面，在这个过程中，为了不占用正常的专业学习时间，又能保持公司进度，我已记不清我们从食堂打过多少次饭到办公室边吃边说。我永远不会忘记公司越来越成功带给大家的成就感。

一家公司想要保持上升的状态，就必须不停地学习，了解各个方面，不停地提升自己。如同"木桶效应"所说，公司的整体水平并不取决于能力最强的那个人，而是最弱的那一个。员工可以带给公司效益，公司能保证员工获得不断的进步和合理的薪水，这样才能进入一个良性循环。学习是举足轻重的事情，共同进步才能实现双赢。

现在是一个大数据时代，巨浪般的数字信息一波又一波地接踵而至。在这个快餐消费时代，我们公司的宗旨是保留大家心里最初的那份情怀，把那份有关青春、有关青岛理工大学这所学校、有关青岛这座滨海城市的记忆完整无缺地保存下来。也许某一天你也会想字迹工整地写一张明信片寄给远方的朋友，告诉他你曾在这里有过一段无与伦比的美好时光。

一个公司必须要有一个大家共同为之努力的目标。我们是带着传承和发扬青岛理工大学文化和青岛文化的初心来创业的，我们就会始终如一地坚持这份初心，半途而废者恕难苟同。

从最开始一个简单的想法，到组建团队找到指导老师，到拟订创业计划书，再到签订第一份购买合同，再到开具第一张发票……创业带给我们太多的第一次，无论是支持还是拒绝，其中甘苦只有经历过才能懂。

我们五个创始人一路走到现在，在创业的过程中生出了一种别样的默契与情感，这不同于简单的合作关系，也不是普通的朋友关系。我们看过熬夜后一脸憔悴的对方，也见到过彼此被客户拒绝后写在脸上的那种失落，也知道完成一个计划后大家感到兴奋时会有怎样的表现……当我发现自己不仅拥有一家还处于发展阶段的公司，还拥有几个互相支撑着走过困难时光的朋友时，我会更加珍惜我们在一起为了一个共同的目标而奋斗的日子，这真的是弥足珍贵！

我们迈出了第一步，在试着蜕变。未来路上也许还有更多的问题、更多棘手的事情，但那又何妨？一路上那些我们以为无法解决的问题，最后不都一一解决了吗？这个世界永远不缺敢想的人，缺的是敢做的人。青岛青理印象文化传播有限公司，不只是简简单单的一个名词，我们会继续向前，向着下一个成长阶段迈进。

我们正年轻，在这个时候就应该勇敢地追逐自己的梦想。人生路漫漫，总归需要那么一次无所畏惧的尝试，要敢于尝试，敢于挑战。创业让我们学到了很多，从容地面对拒绝，坦然地接受失败，能一次次地站起来总结经验教训，最终凤凰涅槃，浴火重生。

在这个青春正好的年纪，我们破茧成蝶，路途再远也不忘初心。

我们的故事，未完待续……

创新的过程可以说是苦中作乐的破茧之旅，只有真正经历过，才能将其中的酸甜苦辣沉淀为未来个人厚积薄发的土壤。创业总会有风险，但仍然有那么多有志青年义无反顾地投身其中。在"大众创业、万众创新"的背景下，现代高校有必要、有责任也有义务通过创新创业教育，持续给学生传授基础理论知识，全力帮助学生树立创业意识，使他们学会运用创新思维，为将来更好地投身工作岗位和创业活动打好基础。

4.1　创新过程的模型

创新是一个过程的观点在大众心中已经形成共识，但人们对这个过程的本质还有不同的认识：创新过程是一个将组织、技能、物质转化为顾客满意产品的过程，创新过程是知识的产生、创造和应用的进化过程，创新过程是追加价值实现和竞争优势获得的过程，创新过程是一个信息交流过程，创新过程是关键资源的成长过程……

无论对创新过程有怎样的认识，具体的创新总是一个从构思产生，经过研发、工程、制造、营销等活动，到推向市场的过程。对创新过程进行管理的重点在于精心设计及控制创新活动，从而最大限度地降低创新失败的概率，同时在失败的过程中不断吸取经验教训，以避免在未来犯同种错误。

企业对创新过程的选择与组织的具体情况紧密相关，如企业规模、技术复杂程度、环境的不确定性等。创新管理的两个基本问题是，如何合理地构建创新流程，如何在组织内部建立有效的行为模式，从而为企业的日常创新管理活动设立规则，这都需要管理创新过程来予以解决。

根据蒂德提出的创新过程五阶段观点：对内部及外部环境进行扫描及搜寻—对信息进行评估并作出战略选择—投入资源对项目进行开发—创新的实施过程—评估与总结，可以得到创新过程的一般模式，此模式适合于企业的一切创新活动。

（1）创新理念酝酿和选择阶段

创新理念是指企业组织培育出来的、在员工内心深处蕴藏着的一种不断创新的价值观，它是企业组织创新的源泉。为顾客提升价值，应该成为企业创新的首选理念。正如管理大师彼得·德鲁克曾经说过的："因为公司的目标是抓住顾客，所以公司有两个或者说只有两个基本能力：市场营销和创新。只有做好市场营销和创新才能产生回报，其他一切都算是成本。"为顾客提升价值，需要站在顾客的角度上思考，与顾客合作。让顾客掌握供给和需求方面的信息，是创新理念的重要组成部分。

创新过程实际上是一项价值活动过程。因此，企业要树立这样一种理念，即让企业所有的利益相关者参与到企业的创新活动中，同时企业要不断地扫描内外部环境，确保价值链上的所有成员能轻易地得到实时、正确的创新信息，并享有创新带来的价值和利益。

（2）创新定位阶段

受人力、物力和财力的影响，一家公司不可能同时在各个方面同时进行创新，但孤立的创新可能会引发其他方面的问题，这关系到创新的定位问题。例如，电信公司花费大量成本在出示账单业务上，所以一般的公司为了节省成本都会考虑降低账单成本。例如，一家公司原本计划通过缩减客户账单上的信息以缩减账单尺寸，从而降低纸张消耗的成本，但这样做，客户可能会因对账单上简单的信息不明白而纷纷打电话咨询，最终的结果是账单成本下降了，但公司运营的总成本却上升了，由此可以看出创新定位的重要性。

斯蒂芬·M. 夏彼洛（Stephen M. Shapiro）通过研究发现，为了评估创新的可行性，在确定创新优先次序时，必须时刻关注以下几点：首先，公司运作的每一部分并非孤立的，一个方面的创新一定会影响其他方面，若确定要对某方面进行创新，则必须尽早认清它将如何适应其他方面的工作，如何匹配整个公司的运作；其次，对各种能力在战略上的重要性及可能带来的潜在收益进行排序，要思考究竟强化哪种能力才能形成自己的特色；再次，要明确工作的各个组成部分会产生多大的价值，企业应该把事务性工作外包给他人，而尽量提升具有更大价值的知识性工作的收益；最后，应把工作精力投向何处以及如何制定各种具体发展战略，这些问题主要由企业目前的能力水平决定。

创新定位矩阵（ITM）是一个简单而有用的工具，企业能够借助它来发现自身的某些能力，并从这些能力中获得竞争优势。如下图所示，沿着矩阵的横轴方向划分了两个区域，代表了两种截然不同的能力：事务性能力和知识性能力。事务性能力主要针对那些重复性的工作，通常不需要投入太多的人、财、物等资源；知识性能力主要针对那些非重复性的、需要一定洞察力的工作。纵轴方向主要是按照战略的重要性来排列的。通常，公司的能力和处理过程可以分为核心类和支持类这两种。图中的圆圈表示某种能力获得改进的机会。圆圈越大，表明该能力获得改进的机会越大。

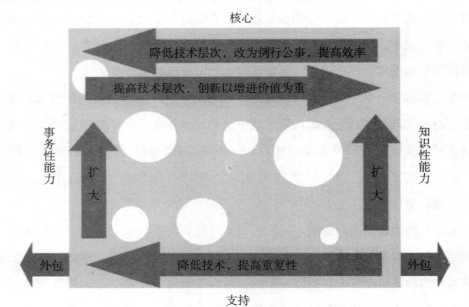

创新定位矩阵图

（3）创新方案设计阶段

这个阶段的主要工作是综合运用各种方法，综合考虑创新定位与目标，提出解决问题的创新构想与方案，通过计算、筛选与综合集成形成可行性行动方案。

这个过程涉及创新的评估问题，但评估往往被认为与创新对立，因为它的作用是维护经营活动。事实上，评估是有意义的，埃森哲和格兰菲管理学院经营绩效中心通过广泛调查，为评估措施归纳出七种基本用途：呈现各种绩效目标，并提出相关的进度报告；根据确切的资料进行战略决策，以利于竞争；比较公司本身与其他公司的绩效，以找出应该创新与改进的地方；找出可接受范围之外的变化与创新解决方案，以贯彻修正的行动；密切配合法令、管制标准，以及相关的内部风险政策；在既定的条件下完成计划，其中包括达到预期的利润；通过认知与奖励机制，让员工投身于公司的重点项目。

评估的方法很多，如平衡计分卡、企业卓越模式、股东增加值模式、作业成本法、质量成本法及竞争式标杆管理等。其中最著名的是平衡计分卡，这种方法之所以会大受欢迎，一方面是因为它很简单，另一方面则是因为它可以适用于大多数企业情境。但平衡计分卡也存在问题，即经营者会执着于错误的问题，很多经营者都只注意他们"可以"评估哪些东西，而不是"必须"评估哪些东西，尤其是在评估创新和学习层面时，一般都被简化为评估员工的满意度。平衡计分卡还有一个缺点，就是它没有考虑某些利益相关者，如供应商、中间商和监管单位等。股东增加值模式虽然考虑了资金成本，但把其他的一切比如人与物排除在外。作业成本法和质量成本法这两种方法则忽略了其他绩效，如顾客与员工的权益。竞争式标杆管理主要从对外的角度出发，比较企业与竞争对手的运营绩效。

在此基础上，埃森哲和格兰菲管理学院经营绩效中心开发出"绩效棱镜"方法，它比平衡计分卡更进一步，是新一代的评估构架。这种模式具有很强的包容性，不仅有利于激发创新，还能够为整个组织引导出合适的绩效评估措施。绩效棱镜的作用，就在于找出正确的东西，这一方法共包含五个方面："利益关系人的满意度"与"利益关系人的贡献"，构成棱镜上、下两端的三角形；"战略""流程"和"能力"，是连接三角形的三个矩形面。绩效棱镜会对组织提出以下基本问题：谁是主要的利益关系人？他们需要什么？采取怎样的"战略"才能满足这些要求与需要？采取怎样的"流程"才能实现上述"战略"目标？所需要的"能力"有哪些？公司要维持以及进一步发展这些能力，需要哪些"利益关系人"的贡献？

"利益关系人"是绩效棱镜的第一面，它的位置要在战略之前，包括投资人、顾客与中间商、员工、监管单位与社团、供应商等；"战略"包括公司战略、经营单位战略、品牌/产品/服务战略和运营战略等；"流程"涉及开发产品与服务、产生需求、达成需求、规划与管理企业；"能力"是指结合不同的要素，通过不同的运营层面为组织的利益关系人创造价值，包括公司员工的技能、作业方式、优异的技术以及实体基础结构等。

在进行创新评估时要注意平衡，防止出现以下现象：过于注重财务评估，而损害流程评估；只强调某个层面（比如质量），而使其他层面（比如时间）产生负面效应；只注意到某个流程，却没有考虑到其他流程所受到的影响。因此，组织在判断不同的业务时要采用不同的评估措施。此外，评估要考虑未来而不能只注意当前发生的事情，还应该将奖励与目标相关联，而且奖励应该只以员工所能掌控与影响的事为准，即他们必须有办法调整自己的行为，以带来更好的结果。

（4）实施创新行动阶段

在实施创新行动阶段，需要根据已有的方案采取相应的行动。创新行动的实施应在创新目标和创新原则的指导下进行，这个阶段又分为三个环节：旧范式的解冻、变革（初步实施）、固定和深化（持续实施）。

实施创新行为的前提是协作。协作的一种方式是分享知识，而知识在创新中占据核心位置。协作的关键在于，无论是客户、员工还是其他公司，都要尽量舍弃繁杂的管理性事务，集中精力来做价值更高的工作。例如，电子商务最有价值的地方就在于它能将组织的资本（特别是人力资本）投入更高价值的工作中。电子商务并不是利用技术以不同的方式做以前做过的事情，而是利用技术来做以前没有做过的事情。

（5）评估与总结阶段

创新成果的评估与总结是创新后期的一项重要工作。创新工作结束之后，有必要对创新效果，以及创新过程产生的经济效益与社会效益进行归纳、概括、总结与提升，以促进企业找到不足，形成新的动力，为后期再创新以及进行更深层次的创新奠定基础。

前面描述的创新过程模型只是针对某一方面的创新过程，事实上从长期来看，企业的创新过程是一个持续不断的过程，斯蒂芬·M. 夏彼洛将之称之为永续创新，也被称为创新的持续过程。其具体的表现特征是：策略，即创新的重点是关注企业用来与竞争对手相区别的关键部分；普遍性，即创新的观念必须渗透到组织的每个层面，从结构到管理都包括在内，此外，追求更好的运作方式也必须成为公司精神的一部分；整体性，即承认事物的"完整性"，也就是企业所有层面的互相依赖关系；以创造价值为重，即不能只注重降低成本与简化流程，而忽视它们对顾客与其他利益相关者的影响，重点应该是为一般的利益相关者与特定的顾客创造价值；强调统筹，即统筹不是指监督或管理，而是指企业领导阶层的可以作为其他公司标杆的企业领导方式；把科技当作工具而不是目的，即过去公司选择了科技解决方案后，往往就会设法根据这些解决方案来设计经营内容，虽然科技可以也应该激发新的经营模式，但在创新的组织中，科技只是必要的经营工具，不是主角；重视人的作用，即创新因人而生，同时也要靠人落实，只有当创新人员具有坚定不移的决心时，组织才能成功，因此创新人员显然是每个经营层面的重点关注点。

换句话说，创新策略以及公司内部各职能部门的密切合作，是一个企业创新过程得以持续发展的保障。

─ 案例推送 ─

海尔双动力洗衣机的开发过程

2000年，海尔洗衣机本部的工程师吕佩师在飞机上偶然看到了一份杂志，上面介绍了欧洲的一种吸尘器，这种吸尘器通过两个动力系统的转换，可以解决重的东西吸不起来的问题。吕佩师由此得到灵感，遂想到双动力洗衣机的概念，即在波轮转动的同时，滚筒也跟着转。他当时在飞机上就开始画草图，回来之后，立刻成立了一个团队来研发新技术。

经过一番论证，从2000年年底开始，历时近一年，海尔确定了方案细节，开始试生产。这一过程并不轻松。普通洗衣机是一个电机作用在波轮上，现在还要增加一个电机作用在滚筒上。最后的解决思路是，通过一个减速离合器输出一个作用力，通过一个电机输出两个作用力。输出两个作用力是通过齿轮啮合实现的，因此对齿轮的硬度就提出了更高的要求。而齿轮啮合带来的问题是噪声过大，应对办法是加上油进行密封。随之而来的则是油的密封问题。由于当时国内基础生产水平不高，海尔要依靠海外的供应商提供配件来解决这些问题。

这一方案的技术难点是开发能产生双动力的电机，当时国内无法解决此难题。海尔通过专利检索，发现韩国一家公司曾生产过类似电机。于是，他们委托这家公司开发电机。同时，海尔紧锣密鼓地着手撰写专利文件，使该公司开发的电机均在海尔的专利保护范围之内。电机问题迎刃而解，双动力洗衣机顺利面世。海尔双动力洗衣机受 17 项国家专利的保护。

2002 年 3 月，海尔双动力洗衣机首先在青岛上市，用户体验之后，反馈非常好。3 月 24 日，该产品在广州、北京、上海同步上市，效果也非常好，用户增长非常快。随后 2 年内，海尔双动力洗衣机进行了 9 次升级，从普通动力、保健双动力、不用洗衣粉的环保双动力、拥有 8 项领先技术的变频 A8 双动力到能让衣服跳舞的仿生双动力。

对于海尔双动力洗衣机的成功，吕佩师认为："海尔关注的不是价格，更不是昙花一现的短期利益。我们始终以满足消费者的需求为出发点。同时，密切关注全球最领先的技术，把这两点有机地结合起来就是我们不断创新的原动力。海尔也因此才能在家电行业和洗衣机行业长期保持领先地位。"

4.2　创新方法的内涵

企业创新管理的内在特性表现为跨学科及多功能性，因此，企业创新管理是一个困难重重且充满不确定性的活动。企业创新管理的每一个相关维度都有其优势与不足，高效的研究与发展管理能够提高创新的效率，但它对于产品的市场有效性贡献甚微，故而无法保证产品获得商业成功。即使是耗资巨大、高度精密的市场研究计划，也无法识别突破型的新产品及服务的市场潜力。扁平式组织结构及流线型业务过程能够提高企业延伸现有产品的效率，但它们对于快速推出创新性产品则无能为力，随着技术与市场的变革，它们甚至有可能对创新形成阻碍。正如埃森哲卓越绩效研究院全球研究总监保罗·纽恩斯（Paul Nunes）所说："流程的执行效果有时会随时间递减。相比之下，组织内的关系资源比较难抄袭，所以具有更大的竞争优势。"

4.2.1　企业创新管理的含义

有时成功的创新是由偶然机会带来的，有时偶然的突破能够弥补多次失败所带来的损失。企业如果想获得长期稳定的发展，不能依赖运气，而是要依靠持续的创新管理。成功是建立在企业活动的可学习性及可重复性之上的。

当前对于创新管理还存在语义上的不同理解，如管理的创新、对创新过程的管理和创新型管理等。本书提出的创新管理概念是指为了实现创新目标，运用管理职能（计划、组织、领导和控制）对创新过程进行管理，即不仅激发新观念、新构想的产生，而且努力为这些新观念、新构想的实施开辟道路。创新管理的主要研究工作是识别与创新相关的一系列联结关系，针对特定技术、市场环境中所存在的机会及约束，寻求支撑创新的有效结构与过程，即对具体情况进行具体分析。对创新管理概念的认识应该立足于"管理"的概念。"创新"只是"管理"的对象。关于创新问题，前文已有比较详细的叙述。

目前国内有关"创新管理"的著作存在两个方面的问题：一是将注意力放在"创新"方面，"管理"的思想没有得到很好的体现；二是有些著作努力在"管理"方面做文章，但"管理"的思路比较混乱，线索不够清晰，整体框架不成体系。事实上，熟悉管理原理的人都知道，按过程来组织管理学体系已成为学界共识，其中管理的职能贯穿于活动的全过程。对管理职能的认识最早源自古典管理理论的主要代表人之一法国人亨利·法约尔（Henri Fayol）的"计划、组织、指挥、协调、控制"五大职能的观点。后人虽然对管理职能的划分各有不同的观点，但对将管理职能划分为"计划、组织、领导、控制"基本形成共识。按照管理的这四个职能，创新管理的内容包括创新计划、创新组织、创新领导和创新控制。我们可以按照管理的职能将企业创新管理列出一个详细的内容，不过本书呈现给读者的是作者多年来对企业创新管理的认识和研究，既突出重点，又确保了内容体系的完整性。

4.2.2　企业全面创新管理

（1）企业全面创新管理概念的提出

企业创新管理研究最初集中于企业技术创新管理，目前这方面的研究成果也最为丰富，内容包括技术创新的基本原理（包括技术创新概念、分类、过程和管理要素等）、技术创新决策（广义的技术创新决策贯穿于技术创新管理的各个部分，狭义的决策主要是技术创新战略制定和技术选择）、技术创新活动环节的管理（主要包括研发管理、新产品生产和营销管理以及技术转移管理）、技术创新的要素管理（主要包括技术信息管理、知识产权管理和技术创新能力管理）和技术创新的组织管理（主要包括技术创新的组织和激励）等。陈伟的《创新管理》在国内影响很大，其基本构架也是基于技术创新管理、创新和创新过程（主要指创新的定义和创新过程分析）、创新的战略机会分析（主要包括产品生命周期和创新的关系，技术—产业生命周期和创新的关系）、职能和联结管理（主要包括创新源管理、研发管理、营销管理、制造和经营管理等），以及组织学习、产业国际竞争和技术追赶陷阱（主要包括对创新和企业活力的研究，以及对战略意图、企业核心竞争力和技术追赶陷阱的研究）。

随着企业创新管理研究的深入，研究者发现必须以更广泛的视角来认识企业创新问题。英国笛德等著《创新管理——技术变革、市场变革和组织变革的整合》一书认为，创新管理的内在特性表现为跨学科性和多功能性，技术、市场和组织变革之间存在互动关系，要实现对创新过程的有效管理，必须应用整合方式来开展创新活动。Jansen（2002）也认为创新的范畴包括技术、应用、组织和市场（或客户群体）四个维度，创新是诸多因素相互渗透、共同作用的结果。我国学者陈劲认为，企业创新管理的重点是企业创新系统内部信息和知识等的有效联结，其关键要素包括企业家精神研究和发展体系、科学教育与技术培训、创新资金和企业体制。陈劲还提出了技术创新管理的十条法则，即把握创新真实内涵，理解创新内在过程，有效地寻求创新源泉，提高创新战略运筹水平，不断提升创新能力，运用有效的创新组织，加强人才管理，创建有利于创新的文化，运用创新管理工具，建立并完善创新系统。

自 20 世纪 70 年代美国学者纳尔逊和温特创立创新进化论以来，技术创新和制度创新的研究就开始走向融合，人们对创新理论的研究又开始从熊彼特的简单创新定义回归，即创新是一个系统总体概念，包括技术上的创新，也包括组织和管理等制度意义上的创新。我国学者许庆瑞等在研究企业组合创新时认为，企业创新不应局限于技术创新，而应至少包含五方面的组合关系：产品创新和工艺创新的协调、重大创新与渐进创新的协调、创新的显性效益和隐性效益的协调、技术创新与组织文化创新的协调、企业内部独立创新与外部组织合作创新的协调。他曾于"21 世纪技术管理与技术创新国际会议"上提出了"全面创新管理"的概念，内容包括"目的是赢得持续竞争优势；致力于积累和提高核心能力；以技术创新为核心；以各种创新元素的系统组合创新为基础；通过合适的机制与工具，使创新深入持久地贯通整个组织；通过每个人，在每个地方，对每个物品，在每一刻进行创新"。许庆瑞认为，目前的创新管理模式可分为三种级别：第一级是单一技术创新管理，第二级是组合创新管理，第三级是全面创新管理。

基于上述认识，我们可以将全面创新管理理解为：在当前的网络环境下，为快速满足顾客个性化需求，企业必须推动全要素、全员、全时空的创新，通过技术与非技术的协同创新，创造有效的创新方法和机制，激发所有员工的创新热情，使其每时每刻都能投入到创新过程，进而有效整合企业内外部乃至全球资源，比竞争对手更快、更有效地为顾客创造新的价值，使公司在众多企业中脱颖而出，获得超群的收入来源。总之，目前的创新理论已经完整地分析了创新系统和创新过程的各个要素与环节，充分认识到职能联结、创新战略、企业文化创新组织等的重要性，也初步地提出了创新系统和创新管理系统的概念，只是当前研究仍然建立在牛顿范式之上，没有对创新管理系统的主体进行系统分析，对创新的复杂性还不够重视，对创新管理的适应性也还没有从复杂理论的角度进行研究。

（2）集成———一种全面创新的管理方式

"全面创新管理"概念的提出具有重要价值，但如何实现却是一个十分复杂的研究课题。为此，不少学者运用"系统""整合""协同""集成"等思想来研究这个问题。许庆瑞运用协同理论，通过考察中兴通讯17年的创新与发展历程，从理论和实证角度分析了企业创新协同，提出了创新协同的技术创新主导型、制度创新主导型与制度创新共同主导型三种模式，并构建了相应的创新协同演化模型。谢章澍等人则构建了全面创新管理模式，通过海尔创新的实例说明了全面创新管理的基本内涵及实现过程。

集成是实行全面创新管理的一种有效方式。所谓集成，是指将两个或两个以上的集成单元（要素子系统）集合成一个有机整体的行为和过程，所形成的集成体（集成系统）并不是集成单元之间的简单叠加，而是按照集成方式和模式进行的构造与组合。其目的在于更大程度地增强集成体的整体功能，以实现其整体功能倍增和涌现的集成目标。也就是说，要素仅仅是一般性地结合在一起并不能称为集成，只有要素经过主动的优化选择、搭配，相互之间以最合理的结构形式结合在一起，形成一个由适宜要素组成且相互优势互补、匹配的有机体，这样的过程才能称为集成。技术创新需要对营销、设计和制造等企业经营职能进行集成，综合运用科学的管理手段以达到最佳目标。集成包括技术集成、信息集成和管理集成。

①技术集成。广义的技术集成包括知识集成、技术集成和产品集成。知识集成是指在已有知识的基础上，通过有机的组织来产生自己的知识产权。企业的知识集成分为四种形式：隐性知识的集成、显性知识的集成、隐性知识到显性知识的集成、显性知识到隐性知识的集成。

技术集成就是要培养自己的核心能力。一个公司如果单靠一般的技术创新，并不能维持长久的发展。20世纪70年代末，日本的NEC公司在通信技术上的实力和AT&T公司相比差得很远。在这种情况下，NEC专门集中了一些人来研究公司的发展战略，研究公司应该怎样发展才能在信息技术领域里占有重要的地位。他们对当时的整个技术发展状况做了一些分析，并把分析的结果总结成三条结论：计算机技术的大型机时代即将结束，集成电路将会由大规模集成电路转向超大规模集成电路，交换功能将从机械式转成数字式。他们确认了这三个发展趋势后，就决定培养自己的核心能力。为此，他们和全世界 70 多个信息方面的公司建立了各式各样的合作和用户关系。通过十多年的努力，到 20 世纪 90 年代初，NEC 在这方面的核心能力就超过了 AT&T。

技术集成需要多种分支技术的融合。这个要求实际上就是根据企业现有的技术，抓住产品的市场特征，同时引进已有的成熟技术或参照技术资料进行学习，依据产品的特性，使各项分支技术在产品中高度融合，在短时间内进行进程开发，并以最快的时间领先进入市场来充分获得提高产品的市场占有率的手段和方法。体现技术集成的主要指标可分为技术系统匹配度、技术系统冗余度、技术系统中自有核心技术、对世界领先水平产品的技术选择水平、与同行业相比的成本水平，以及产品的主要功能和辅助功能所占比例等。其中，技术系统匹配度是指产品的各分支技术在结合后是否互相冲突和矛盾，是否发挥了整体的应有经验；技术系统冗余度是指技术系统内各分支技术集成后，可放弃的技术所占的比例；技术系统中自有核心技术是指企业依靠自身力量，通过独立的研究开发活动而获得的来源于企业内部的技术突破。

②信息集成。信息集成的目标是建立产品创新的支撑系统和工作平台。它主要是对企业在设计、管理和制造过程中需要和产生的大量数据进行统一管理，以达到正确、高效的数据交换和共享的目的。信息集成的实现依赖于现代计算机技术和网络技术的发展，其核心技术在于建立信息模型和数据库管理系统。

③管理集成。创新集成化的核心思想体现在管理集成上。创新中的管理集成是以信息技术和先进的制造技术为基础，以快速创新为目标，以集成思想为指导，借助集成手段和工具，对创新过程中的管理思想、手段、方法、技术、过程以及其他各种管理要素进行整合，从而产生一种系统的、综合的管理模式和方法的行为过程的总称。

管理集成可以分为三个层次：核心层、使能层和技术支撑层。核心层管理集成的核心内容包括人的集成、组织集成和知识集成；使能层是指管理集成的工具和手段，是管理集成的核心技术，包括管理模块技术、管理集成平台技术和管理集成界面技术；技术支撑层是指管理集成的技术，涉及三大类技术，即分散化的管理技术、信息处理技术和先进的制造技术。

4.2.3　创新管理框架

（1）创新计划

创新管理的首要职能是创新的计划工作。创新计划是指企业根据对创新内外部环境的分析和企业既定目标的要求确定创新的目标，并对未来创新活动所做的事前安排。由于创新活动具有不确定性，创新的计划工作难度很大，不少创新活动无法提前进行详细的具体安排，但创新环境分析和创新战略选择是执行创新计划时不可忽略的两项工作。企业只有对内外部环境进行细致分析，才可能对自己的创新战略作出适当的选择。

一个惯于创新的企业会时刻关注宏观环境、产业环境和竞争环境的变化，并积极促成创新来响应外部环境的变化。社会经济领域的新变化，如人们的信仰、期望、需求和收入的变化，会为企业带来新的机会和挑战。新的法律法规的出台使得旧有的生产经营方式必须依照新要求向创新转变。竞争者一旦推出新产品，就可能对企业既有的市场地位构成重大威胁。企业只有具备较强的创新能力，才能在各种动态变化中迅速做出反应，应对新形势。

因此，企业要想自主创新，首要的就是突破传统的发展模式，实现从基于引进与简单制造的经营到整合新兴的、突破性的科学技术和商业资源，创造具有更高附加值、更环保的产品或服务的转型。

（2）创新组织

管理的组织职能就是一种对实现企业目标的各种要素和人们在工作过程中的相互关系进行组合、配置，从而建立起一个有机整体的管理活动。企业的各种计划都是通过组织职能来实现的。组织职能主要有两项任务：一是设计有效的组织结构，二是确保组织的高效运作。创新计划的实现同样需要发挥组织职能的作用。创新的基本组织结构及组织结构的新形式，创新组织的界面管理，强调要想保证创新组织的高效运作，就必须解决好组织内外部各种界面问题。组织理论发展的脉络和组织创新的分析思路要实现创新，就应重视创新组织结构的优化。中国传统企业等级制的组织结构使研发、生产与营销等的联系很容易被割裂，市场需求与技术供给难以得到真正的匹配。现代创新型企业必须从根本上改革企业的组织结构，使之成为面向顾客的流程化组织形式，从而更快、更有效率地将创意孵化成可制造的、有商业价值的产品。

（3）创新领导

在创新过程中，领导者要根据创新的目标和要求，运用激励、沟通等手段，对被领导者施加影响，统一意志、统一行动，以保证创新目标的实现。因此，在创新活动中，领导者的主要任务是建立融洽的人际关系和营造良好的创新氛围，"带领"和"引导"创新团队为实现企业的创新目标而努力。为创新提供文化氛围是领导的责任。

创新氛围是由多种因素集合在一起建立的，它可以影响员工的认知。例如，如果不对创新行为进行奖励，只对日常工作的高绩效进行奖励，那么不管其他暗示多么诱人，员工在尝试创新时还是会表现得谨慎和犹豫。此外，领导对创新氛围的营造不只是通过他们口说，也通过他们的行为来实现。通过可见的行动而不是简单的陈述，员工会形成具体的看法。员工只有了解发生在其身边以及能促使其创新的事情时，才会开始内化创新的价值观。

（4）创新控制

创新控制是指通过对创新实际绩效与创新预期目标之间的差异进行衡量，找出形成差距的原因，并采取措施加以纠正的一系列管理活动。风险性是创新的主要特征之一，因此创新活动具有高度的不确定性。这种不确定性可能来自外部环境的不确定性、创新项目的难度与复杂性，以及企业的能力与实力的有限性。这些因素会导致创新活动延期、中止、失败或达不到预期的技术和经济指标。创新控制本质上就是对创新风险的控制，只有对创新风险进行控制，才能提高创新成功的概率。

4.3 创新方法在群体创新中的应用

4.3.1 群体创新方法的含义及特征

群体创新方法是相对于个体创新方法而言的，是由多人参与的、能够帮助群体解决创新问题，通过方法、工具的应用使创新过程结构化，形成新观点，最后发展成切实可行的解决方案的创新的具体程序和步骤。群体创新方法具有三个显著特征：创新主体是由两个或两个以上的成员组成的群体；需要群体通过团队建设或加强沟通的方式来提升群体动力，群体合作沟通的状态决定了创新方法实施的效果；通常具有一个明确的程序或规则，可以提炼出较固定的程序，且结构化程度较高。在我国加强创新型国家建设、提高自主创新能力的背景下，群体创新方法集成研究对于强化创新方法理论基础研究和实践推广应用、引领自主创新方向和组织设计创新过程，以及提高创新效率，具有重要意义。

4.3.2 群体创新方法集成应用

群体创新方法集成应用系统包括组织、过程、知识管理三个维度：基于组织的群体创新方法集成指创新项目各组织层次之间创新方法的匹配与集成；基于过程的群体创新方法集成指将工程技术项目划分为若干阶段，并基于项目生命周期的不同阶段，对群体创新方法进行阶段管理；基于知识管理的群体创新方法集成指知识管理对在问题识别、知识搜索、知识激活和重构、知识评价活动中所运用的创新方法的集成。

（1）组织维度群体创新方法集成应用

基于组织维度就是从创新主体即人的角度出发，探讨如何通过群体创新方法，提高项目执行的效率。

①决策层。决策层是由拥有共同利益、不同信息和决策能力的高层管理者团队组成的，主要在项目前期负责战略的制定以及人员、资金、信息、资源等方面的保障和支持，在项目后期评估阶段总结经验教训，以提高对后续项目的决策水平。决策层团队应用群体创新方法的特点有：第一，决策层不一定要掌握具体的技术创新方法和创新技能，但一定要具备开拓精神和创新意识。第二，决策层要对创新方法推广应用的重要性给予认同和有力支持。第三，要善于借助各类专家的头脑，发挥各类"智囊团"和"思想库"的作用，确保决策的科学性和合理性。第四，决策层团队要特别注重宏观层面群体创新管理的方法。第五，决策层团队在创新决策过程中容易产生"群体迷思"（group think），因此，领导者更应该引入群体创新方法，创建一种积极鼓励创新的良好的讨论氛围，减少因畏惧权威或大多数人意见而产生的有缺陷的决策。

②管理层。管理层负责落实项目计划、协调与调动资源分配，其创新目标是企业技术创新战略目标的阶段性分解。管理层团队应用群体创新方法的要求有：具有强烈的创新意识，需要熟悉并管理各种存在于项目中的技术和方法；善于根据创新目的召集项目组人员进行集体讨论，熟悉各种群体头脑风暴式会议的优点和缺陷，根据项目团队的特征选择相应的群体创新方法，有效提升企业的创新力和执行力；在流程优化方面，应注重运用创新过程组织法，通过管理创新、流程改造等实现生产要素的优化配置。

③实施层。项目实施层以技术人员为主，通过组成各种形式的创新小组来解决项目实施中遇到的各种问题，通常主要从技术创新角度考虑问题。实施层负责完成具体的创新设计任务，以创新小组为单位，完成团队的具体创新目标。实施层包括项目单元组织、过程管理组织、项目经理层组织和项目团队等。这一层次的创新任务比较明确具体，而且主要突出技术创新，因此要加强这一层次人员对群体技术创新方法的学习和运用。

（2）过程维度群体创新方法集成应用

过程集成是先进制造模式的共同特征。基于过程维度来考虑集成问题不仅是一种原则，更是一种重要的思维方式和方法论。过程维度的群体创新方法应用因为项目阶段的不同而不同。

①项目前期准备阶段。决策与策划是项目前期准备阶段的重点，战略目标设定、机会定义、可行性研究是前期准备阶段的三个重要环节。战略目标设定可运用的方法有技术路径法、领先用户法、情境分析法、脆弱性分析、主动危机产生、战略选择发展与分析、神经语言程式学、内部规划大赛、系统分解法等。机会定义可运用的方法有流程图法、头脑风暴法、专家研讨会、故障树分析法、属性价值链分析、SWOT 分析、启发式重新定义、利益相关者分析方法。可行性研究运用的方法有 FMEA、脆弱性分析、SWOT 分析、量纲分析、CATWOE、潜在问题分析法、QFD、背景修改等。

②项目规划阶段。项目规划阶段包括技术创新计划的制订和技术创新项目的组合。此阶段可用的方法有精益路线图、计划评审法、技术路径图、发明问题解决理论（TRIZ）、高标准定位、技术预测等。

③项目方案构思阶段。项目方案构思是工程技术创新构思的关键，也是整个创新活动的灵魂所在。此时运用已掌握的知识、调查到的资料及各种工程技术创新思考方法，通过创造性的思考、分析与综合，能产生各种各样的创造性想法，为下一阶段的创新方案选择提供依据。头脑风暴法是项目构思阶段常用的创新方法，由负责工程项目各个层面的专家参与，通过群策群力、思想碰撞产生创新方案。此外，创意挑战、启发式思维技术法、创造力模板法、创意挑战法、属性列举法、形态分析法、奥斯本检核表法、创意挑战法、思维导图法、综摄法等也适用于方案构思阶段。

④项目研发设计论证阶段。创新项目论证阶段是指采取各种科学的方法，针对前一阶段产生的各种创新方案进行论证，从中得出最优的创新方法。项目研发设计论证阶段用到的创新方法有：设计方法，包括正向设计法、故障树分析法、公理化设计法、质量功能展开法、田口方法、DFMA 制造装配设计法、工作设计法等；创新方案设计的改进方法，包括力场专家论分析、流程 ECRS、QFD、因果图、缺点列举法、头脑风暴法、检核表法；创新方案设计的论证方法包括，专家论证法、价值分析法、系统分析法、可行性分析法、五性分析法、专家小组法、最优选择创新法、决策检查法、头脑风暴法等；创新方案设计的选优方法包括德尔菲法、名义群体法、头脑风暴法、匿名投票法、小组共识法等。

⑤项目开发实施。在工程技术创新项目开发过程中，为了提高质量、降低成本、缩短工程完工时间，经常会采用各类质量控制、进度控制等工程、技术管理方法，使用这

类方法可以更好地控制工程技术项目的周期和质量。该阶段典型的创新方法有任务流程图法、阶段门法、并行工程、关键路线法、计划评审技术、平衡计分卡、现场 5S 法、看板管理法、精益生产法、工作简化法、技术测定法、PDCA 管理循环法等。

⑥项目后期评估。采用项目评价的科学理论和方法是决策科学化的重要保证。该阶段的创新方法主要用于判断项目预期目标是否达到和主要效益指标是否实现,查找项目成败的原因,总结经验教训,及时、有效地反馈信息,提高对未来新项目的管理水平等。此阶段可用到的群体创新方法有价值工程法、风险评审技术、投入产出法、因素矩阵法、成功度分析法、差距分析法、前后对比法、逻辑框架法、"六项思考帽"、天使代言人、德尔菲法等。

(3) 知识管理维度群体创新方法集成应用

创新方法是技能知识的一种,能够起到连接原有知识和新知识的作用,能够促进知识共享和知识转化。使用知识管理维度群体创新方法的优势在于:有利于将工程技术项目内不同系统的知识更有效地组织在一起,促进知识共享和知识创新。

①知识类型。工程技术项目创新的业务活动一般是围绕工程项目组建跨职能的团队,按照特定的流程展开,包括的知识类型有:环境知识,分为外部环境知识和内部环境知识,外部环境知识指顾客、市场、专利等知识,内部环境知识指企业内部的制造工艺、技术知识、财务知识、管理知识和营销知识等;背景知识,又称为情境知识,是关于特定情景、为达到特定目的而使用的知识;领域知识,包括技术、财务知识,管理营销知识,原理、规则知识和专家经验等。

②知识活动。知识活动是指知识在人与人之间流动的过程或知识处理的机制,是一个解决问题、扩散知识、吸收知识和扫描知识的过程。知识活动分为问题识别、知识搜索、知识激励和重构、知识评价四种类型。在知识活动的不同类型中,不同活动对知识的需求是不一样的,而不同的分类又对应不同的创新方法。

③创造过程。通常分为四阶段,即问题识别、准备、孵化、验证。项目过程随着项目任务的分解,每一个创新问题的解决都可被看作一个创造过程,都会经历问题识别、准备、孵化、验证四个阶段。

群体创新方法集成系统将原来分散的群体创新方法转变为三维的、有机整体的、能够进行系统化管理和应用的综合集成系统。这种综合集成系统能够调动工程技术项目这一复杂系统内部的知识流、资源流、信息流的流动、交换和共享,最终实现项目创新效率的提升。

▶ **重要概念**

创新理念；创新定位；创新方法；创新内涵；全面创新管理；群体创新；全面创新管理。

▶ **思考题**

1. 如何理解创新的内涵？

2. 创新模型在各个阶段表现出哪些特征？

3. 企业在执行全面创新管理过程中需要考虑哪些因素？

4. 创新方法如何应用于群体层面？

第5章 创业的基本问题

学习目标

理解创业的定义；

了解创业机会和创业动机；

了解如何识别创业机会；

了解商业模式创新。

▶ **引例**

创业：我为自己代言

作为中国电商界的黑马，年轻的创业者陈欧带领聚美优品，仅用三年时间就实现了单月销售额从 10 万元到 6 亿元的突破，并跻身与天猫、京东、亚马逊等比肩的 B2C 电商第一阵营，牢固地占据了中国美妆类电商第一站的领航地位。

陈欧出生于 1983 年，家乡在中国芍药之乡——四川省中江县。少年时代的陈欧便天资过人，小学拿过不少奥数的奖，后来，他依靠自身的努力成功考取了新加坡南洋理工大学并拿到全额奖学金。和时下大多数大学生一样，颇有天赋的陈欧在大学期间经常参加游戏比赛。但他并没有上瘾，反而很快从中捕捉到巨大的商机，这也成就了他打造全球领先的在线游戏平台 GGgame。

2011 年，28 岁的陈欧从美国斯坦福大学毕业回国，在中国大饭店又一次遇到了徐小平。这一次，陈欧仅用了 5 分钟就将自己筹划的创业项目解释了一遍，徐小平并没有提出太多疑问，而且双方很快达成了投资协议。徐小平向陈欧的项目投资了 18 万美元，还顺便给陈欧的团队一套房子作为办公场地。陈欧志同道合的斯坦福大学师弟戴雨森也回国追随陈欧。

这次，陈欧选择的还是游戏行业，他成立了 Reemake 公司，创业项目是在社交游戏中内置广告。"当时有个东西在美国很火，就是网页游戏通过内置广告获利。比如游戏用户要买游戏币，以前是花钱去买，现在如果用户去注册账户或者安装指定软件，游戏平台就会送他游戏币。"但陈欧很快发现，他们搬来的国外模式在中国行不通。当初意气风发的年轻人被现实泼了一桶冰水，剩下的是无助和焦虑。折腾数月之后陈欧发现，方向、资源、团队这些创业的基本要素他几乎一无所有，转型的方向亦不明确。

作为一个善于观察生活的男人，陈欧发现当时中国的广大女性消费者对于从线上购买化妆品的信心不足，当时中国线上化妆品行业没有领头羊企业。对于他来说，化妆品就是新大陆。陈欧总结出三个"可行条件"。首先，电子商务正在中国高速发展是不争的事实；其次，化妆品需求量很大，但当时中国市场上还没有一个可信的出售化妆品的网站；最后，这个其他男人不好意思做的行业对自己来说却是一个很好的机会。

公司要转型，就必须和同事向投资人提前交代。问题是，陈欧对自己要做的事也没底。于是合伙人之间有了激烈的争吵，陈欧要做电商，戴雨森提议做社区。陈欧说："我和他说，社区不靠谱，因为需要长时间培育市场。"而戴雨森觉得电商环节太复杂，"没做过采购，又不懂零售，大老爷儿们还要做化妆品"。在他们这边争执不休之际，国内兴起了团购热。陈欧提议先借着团购的方式做着玩，凭感觉一步一步来。由于公司的流动资金只剩下 30 万元，他们只好一面继续游戏广告业务，一面用了两天时间，在技术上让团美网（聚美优品前身）上了线。

这是一次依靠直觉的商业冒险。陈欧将代理商的化妆品买断，存放在仓库，以限时团购的形式卖出，价格比专卖店低了 4 成。同年 5 月，陈欧全面停掉了之前的游戏内置广告业务，同时再次获得了来自徐小平的 200 万元投资。

团美网上线后，业绩出人意料得好，不到 5 个月，注册用户突破 10 万。戴雨森说："2010 年基本没有投广告，全部都依靠用户的口头传播。"2010 年 9 月，团美网更名为聚美优品，有"聚集美丽、成人之美"的含义，同年销售额达到 2000 万元。2011 年 3 月，公司成立不到一年总销售额就突破 1.5 亿元，同时也获得了来自红杉资本千万美元级别的投资。5 月，聚美优品转型为以团购为主要销售模式的化妆品 B2C 网站。至此，大老爷们的"女人生意"也就算步入正轨了。

2014 年 5 月 16 日，聚美优品正式在美国纽约证券交易所挂牌上市，31 岁的陈欧成为纽交所 220 余年历史上最年轻的上市公司 CEO。如今聚美优品的市值高达 19 亿美元，根据他持有约 40%股份计算，其身家已达 7.6 亿美元（约合 47 亿元人民币）。2015 年，陈欧以 11 亿美元身家位列亚洲十大年轻富豪第六名。

5.1 创业

5.1.1 创业内涵

（1）创业的特点

创业是创业者积极地探寻机会，积极整合资源，充分利用机会，实现价值创造的过程。创业具有以下特点：

第一，创业是创造具有"更多价值的"新事物的过程，这个过程并不是有能力、有资金、有头脑就可以达到，还需要一定的运气。

第二，创业即创建新的事业，个人需要投入大量的时间、精力，付出巨大的努力。

第三，创业需要承担风险，风险不仅源自经济方面，还来自精神、社会及家庭等方面。

第四，创业不只为了物质回报，创业能让创业者实现自我价值、远大理想，给其带来无穷的欢乐与分享不尽的幸福。

（2）蒂蒙斯的创业要素模型

蒂蒙斯（Timmons）在长期的研究工作中提炼出了创业要素模型，如下图所示。

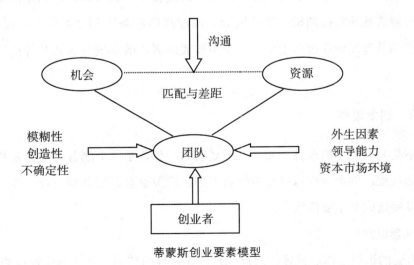

蒂蒙斯创业要素模型

蒂蒙斯认为创业有三个要素：机会、团队和资源。该模型的含义主要有以下三个方面：

第一，创业机会是创业的核心驱动力，创始人或创业团队是创业过程的主导者，资源是创业成功的必要保证。创业过程始于创业机会，而不是资金、战略、网络、团队或商业计划。开始创业时，创业机会比团队的能力和资源更重要。在创业过程中，资源与商机之间会经历一个"适应→差距→适应"的动态过程。成功的创业者和投资者都知道，一个好的思路未必是一个好的商机。实际上，以商业计划或商业建议等形式呈送给投资者的每 100 个思路中，通常仅有一两个最后会成为投资对象。所以，对创业者和投资者来说，学会快速估计是否存在真正的商业潜力，以及决定该在上面花费多少时间和精力是一项重要的技能。

第二，创业过程是商业机会、创业者和资源三个要素匹配和平衡的结果。处于模型底部的创始者或创业团队要做好配置和平衡，借此推进创业过程。在这个过程中，他们必须做的是：对商机进行理性分析和把握，对风险进行认识和规避，对资源进行最合理的利用和配置，对创业团队进行适应性的分析和认识。

第三，创业过程是一个连续不断地寻求平衡的行为组合。在三个要素中，绝对的平衡是不存在的，但企业要想持续发展，就必须保持一种动态的平衡。用平衡的观念展望企业的未来时，创业者必须考虑的问题是：目前的团队是否能领导公司未来的成长、能否为公司争取到更多的资源，下一阶段所面临的困难是什么等。这些问题在不同的阶段以不同的形式出现，会影响企业的可持续发展。

总之，创业者或创业团队必须在推进业务的过程中，在模糊和不确定的动态的创业环境中具有创造性地捕捉商机、整合资源、构建战略和解决问题的能力，要勤奋工作、勇于牺牲。创业者在创业过程中就像一个杂技表演者，既要进行各式各样的表演，还要保持平衡。

5.1.2 创业过程

创业不是一个独立的事件，而是一个复杂的过程，是一个随着时间的延长各个阶段紧密相连的过程。创业过程可以分为机会识别、资源整合、创办新企业、新企业的成长与可持续发展这四个主要阶段。

（1）机会识别

创业机会的识别是创业过程的起点，是创业过程的核心，也是创业管理的关键环节。创业机会是从经济、技术和社会这些处于持续变化状态的因素中产生的，所以创业者应该具备敏锐的嗅觉，能精准把握稍纵即逝的机会。对创业者来说，机会识别旨在识别能为市场创造或增加新价值的产品或服务，创业机会意味着创造价值和财富的可能性。

创业者识别创业机会的过程实际上就是搜集、处理信息的过程，创业者凭借其以往对市场、产业或技术知识的积累等对搜集的信息进行正确的分析与判断。大多数成功的创业者都是把握住了商机。例如，蒙牛的创始人牛根生看到了乳业市场中存在的商机，好利来的创始人罗红看到了蛋糕市场的商机。在现实生活中，这样的例子不胜枚举。

创业机会识别最重要的两个环节是机会发现和机会评估。其中有许多问题值得思考：创业机会来自哪里？为什么有些人能够发现创业机会而有些人却不能？通过什么形式和途径才能识别创业机会？是不是所有的创业机会都有助于创业者开展创业活动并创造价值？

创业机会是一种情境，在该情境中，技术、经济、政治、社会和人口条件变化产生了创造新事物的潜力。其中，技术变革是有价值的创业机会的重要来源，它能使人们以新的、更有效率的方式做事，技术带来的改良原有事物的可能性使技术变革成为创业机会的最大来源。另一个重要的机会来源是社会变革。这些变革能使人们开发商业创意，从而以新的方法使用资源，这些方法或者更有效率，或者将财富从一个人重新分配给另一个人。不是所有的机会对创业者都有同等的价值，因为创业者资源有限，他们不可能去追逐所面临的每一个机会，因此必须选择那些回报潜力大并且有能力去利用和容易利用的机会。对市场机会进行认真细致的评估，对于创业者来说是至关重要的。在进行机会评估时，最重要的是建立获取信息的有效渠道并有效利用信息。

── 案例推送 ──

中国互联网教父——张朝阳

张朝阳于 1964 出生于陕西省西安市，1986 年毕业于清华大学物理系，1993 年于美国麻省理工学院（MIT）获得博士学位，1994 年任 MIT 亚太地区（中国）联络负责人。

1995 年，身在美国张朝阳突然有了回国创业的强烈念头，美国随处可见的"硅谷"式创业更是激起了他的热情。当他清楚地了解互联网经济极为惊人的商业和社会价值后，便下定了创业的决心。张朝阳联系到了美国科学信息研所（简称 ISI），说明想做 ChinaOnline（中国在线）业务，用 Internet 搜集和发布中国经济信息，为在美国的中国人或者对中国感兴趣的人服务。当时，ISI 总裁和张朝阳的想法相近，两人一拍即合。张朝阳于 1995 年年底以 ISI 公司驻中国首席代表身份，开始用Internet 在中国收集和发布经济信息，为华尔街服务。

（2）资源整合

如果说机会识别的过程是把一个一般的、泛泛而谈的创意打造成一个较具体的商业概念的话，那么资源整合就是创业者依据创业意向，将必要的资源引入自己的控制范围进行综合配量。这与拥有产品或服务的创意是两个完全不同的概念。很多新企业在几年之内就失败了，根本原因就是没有做好这方面的准备工作。把握住能够创造价值的商机仅仅是创业的开始，但还必须采取积极的行动。创业过程之所以产生，就是因为创业者做出了创业决策并且采取了行动。此时，创业者必须整合一系列的必要资源，如人力、物力、财力等。如果不能很好地整合各种资源，那么再好的商机也不能充分发挥作用。筹集、整合开办企业的资源至关重要，人、财、物是任何企业都必须具备的基本要素。对于打算创业并识别到创业机会的创业者而言，想要成就一番事业，就要凝聚一批志同道合的人，这些人能共同承担创业风险，能共享创业成果。创业者需要整合的另一种重要资源就是资金，这一行为在创业过程中被称为创业融资。创业者要拟定一个正式的创业计划书，以争取获得最有利的投资，并为将来经营企业提供指导。

── 案例推送 ──

牛根生：一个企业90％的资源都是整合进来的！

牛根生曾只是伊利公司的一名洗碗工，后来，他凭着自己的勤奋和眼光做到生产部门的总经理。后来出于各种原因他从伊利辞职了，但那时他已经 40 多岁了，去北京找工作也是处处碰壁，没有结果。没有办法，他又回到呼和浩特，邀请原来在伊利的几个同事一起出来创业。人有了，但还没有奶源、没有工厂、没有品牌等，这每一项对创业来说都是致命的。

没有工厂怎么办？牛根生开始寻找资源，他通过人脉关系找到哈尔滨一家乳制品公司。这家公司的生产设备都是新的，但生产的乳制品质量不高，同时营销渠道又没有打通，所以产品一直滞销。牛根生马上找到这家公司的老板谈："你来帮我们生产，我们这些人都是伊利的高层技术人员，可以帮助你们把关技术，牛奶的销售工作我们也承包了。"这位老板一听，马上答应下来。他们几个一起出来创业的伙伴也有落脚的地方，这首先解决了生存的问题。

没有品牌怎么办？在乳制品这个行业，没有品牌很难销售，因为品牌代表着安全可靠。牛根生的办法是借势、整合。打出口号"蒙牛甘居第二，向老大哥伊利学习"，口号一出，伊利哭笑不得。由此，一个不知名的"名牌"马上就跻身全国此行业前列。牛根生不只盯着伊利，还把自己和内蒙古当时的几个知名品牌联系起来，说："伊利、鄂尔多斯、宁城老窖，蒙牛为内蒙古喝彩！"因为前三个都是内蒙古的驰名商标，它把自己放在最后，给人的感觉就是蒙牛就是内蒙古的第四个知名品牌。牛根生通过整合品牌资源，让蒙牛没有花一分钱而迅速成为知名的品牌。

没有奶源怎么办？自己买牛去养很不划算，首先牛很贵，其次也没有那么多人员可以做这项工作。于是蒙牛整合了三方面的资源，第一是农户，第二是农村信用社，第三个是奶站。蒙牛把从信用社拿到的贷款给奶农，并且承诺包销路。奶牛生产出来的奶由奶站接收，蒙牛再找奶站收奶。这样，蒙牛既按时把信用社的钱还了，奶农也有了利润，牛根生还趁机对奶农喊出一个口号："一年养10头牛，过的日子比蒙牛的老板还牛。"

（3）创办新企业

创办企业需要做大量的准备工作，其中创业计划、创业融资和注册登记尤其关键。前面的工作完成之后，就可以开始创业的重要环节——创办企业了。新企业的创办涉及很多方面，并且是一个复杂的过程，包括产品和服务的开发、经营团队的建设等。

新企业的创办是衡量创业者创业行为的直接标志。创办新企业包括新企业制度设计、新企业的注册、新企业经营地址的选择，以及确定新企业进入市场的途径等。创办新企业必须注意两个重要问题。一是把握新企业的市场定位与策略。新企业应避开与大型企业相比较所存在的弱点，充分发挥自身的优势，寻求市场空白，以有限的实力尽快打开局面，在激烈的竞争中争得一席之地，求得生存。二是合理利用新企业的竞争优势，建立优势产品线。

创业者整合资源和创办新企业的目的是实现机会价值，并通过实现机会价值，成功收获回报来实现自己的创业目标。这显然是创业过程的重要环节，也是创业过程的一个关键阶段，即将新企业发展成为一个能够生存、成长且不断赢利的公司。

（4）新企业的成长与可持续发展

企业创立后，不管情况怎样，都会进入一定的成长阶段，然后视成长阶段企业的绩效来决定是退出还是发展。在新企业的创立期和成长期，企业资源相对匮乏，创业者管理经验不足，一个人不足以应对各种情况，这就需要创业团队发挥重要作用以及外部环境给予高度支持。只有这样，新企业才可顺利度过这一时期，进入可持续发展阶段。

这个阶段是新企业从起步走向成熟的时期，这个时期的企业产品和服务逐渐得到市场的认可，企业的生产和销售能力开始增强，产量的提升必然带来成本的下降，市场的认可又能进一步促进产品的生产和销售，形成良性循环。企业的规模进一步扩大，员工增加，各个部门之间的关系也逐渐清晰、明确，管理开始逐步系统化，企业的研发能力也慢慢增强，与此同时，企业的声望和品牌价值也不断得到提升。这一时期，新企业的管理体系已经初步形成。通常，新企业在创立之初受业务量、资金、场地等客观条件的限制，不可能像大企业那样拥有系统的管理机构，各个部门的职能划分并不严格。随着业务量的上升和人员的增加，形成系统的管理体系就成了当务之急。在企业的成立和生存阶段，创业者在企业中处于核心地位，其技能、才干和素质对企业获得成功来说是关键的。然而，随着企业的扩大，创业者的精力有限，不能解决和监控所有问题，创业者授权的重要性就凸显出来，这就要求创业者重新定位自己的角色，应该根据公司的需要和自身的能力寻找一个自己能够做出独特贡献的角色，这是创业者向企业家转变的关键所在。这一阶段，随着市场竞争日趋激烈，企业要想实现可持续发展，其创新能力就显得更为重要。

— 案例推送 ——

WABC 无障碍艺途的可持续发展之路

苗世明毕业于中央美术学院绘画专业，是一位成功的艺术家和专业策展人。2009 年，他创办了公益项目"WABC 无障碍艺途"，主导了 2009 首届北京 798 双年展 WABC 计划。他捕捉到了残障人士所具有的独特艺术价值，并把这些价值和社会需求对接起来，这不仅得到了外界的关注，而且获得了经济回报，同时项目机构的运行和维持也有了保障。

一个项目若要做到可持续发展，需要几个条件，首先这个项目是有意义的，而且是有空间的。WABC 的服务对象是残障人士，残障人士这个群体的数字其实远高于我们已知的数字，他们需要被关注。他们其中有一些人很有创造力，只是需要人们去发现、去开发。苗世明也是无意中发现了这样一群体的潜能。中国是个人口大国，这些特殊人群往往被社会忽略甚至歧视，而 WABC 办了一件非常有意义的事，即让这个特殊人群得到尊重，得到理解，得到学习，得到施展他们才华的机会。从这点上来讲，WABC 是一个可持续发展的机构。

一个项目要想持续发展还离不开资金支持和高超的经营管理方法。如果没有源源不断的资金支持和组织管理方法，这个机构就很难维持下去。可喜的是，WABC 不仅有良好的运行团队、较高的管理水平，更重要的是这个组织的创始人苗世明拥有超强的个人能力。他热爱这份事业，虽然看上去他舍弃了自己的艺术生涯，却建立了这个可以给"特殊人群"施展艺术的空间。他利用自己的资源和能力，创造出许多有商业价值的产品和展览，得到了很多企业和个人的赞助和支持，他无疑是组织的核心人物，也是该组织可持续发展的源动力。

5.1.3 创业精神

（1）创业精神的内涵

"创业精神"是从英文"entrepreneurship"翻译而来的，指企业家精神及企业家的身份、能力等。所以，现代意义上的创业精神指的就是企业家精神。这种精神源自 17 世纪的西欧，当时的企业家制订商业计划，首先要同政府签订合同，合同中产品的价格是固定的，不管市场如何，经营产生的利润或亏损全部由企业家来承担。到了 18 世纪，工业革命促进了发明创造，但那时的发明家并没有足够的财力来支撑他们的发明活动，这时风险投资者出现了。于是，作为需要资本的企业家、创业者，同资本的持有人——风险投资者就区别开来了，这时的企业家精神就不能等同于冒险家精神了。美国当代著名的管理学之父——德鲁克引用一位成功的企业家的话说："我认识的成功人士都有唯一的共同点：他们不是'冒险家'。他们设法确定自己所必须承担的风险，然后把风险减至最低。不然的话，他们不会成功。"到了 19 世纪末期，企业家仍然是被作为个人为了获利而组建并运作企业的人士来看待的。到了 20 世纪，著名经济学家熊彼特指出，企业家是那些有眼光、有能力、敢于冒一定风险实现创新的人，他们不但受追求最大利润这一动机的支配，而且受一种非物质的精神力量（"事业心""荣誉感""成功欲望"等）的支配。熊彼特认为，是这种"企业家精神"导致创新，而创新是一个"创造性毁灭"旧事物的过程。有了创新，经济才能进步。熊彼特对创业精神（企业家精神）的理解，同德国著名学者韦伯关于新教伦理与资本主义精神的理解是不谋而合的（尽管也有区别）。韦伯认为，这种"新的精神渗透到经济生活中去从而起了决定性的作用。推动这一变化的人，既精打细算又敢想敢为。最重要的是，这些人都节制有度、讲究信用、精明强干，并全心全意投身于事业中"，他们"在现代经济制度下能挣钱，只要挣得合法，就是长于、精于某种天职的结果和表现"。韦伯称颂这种精神为"美德和能力"。这样一种导致创新的创业精神，离不开对机会的捕捉与利用。韦伯还说，"创新是利用机会的关键。商机就是用不同的方式把事情做得更好的'可能性'。创新是能够把事情做得更好的、与众不同的做事'方式'，因此，创新是利用商业机会的'工具'"。

由此可知，"创业精神"这一概念是历史的、具体的，是发展的，是同风险、创新、机会等联系在一起的，指的是善于捕捉和利用机会，敢于承担必须承担的风险，为创造某种新的价值，努力发挥创造力、实现创新的一种勇往直前的文化与心理过程。创业精神可以推动科技创新、开发新产品、提供新服务、开拓新市场，也可以再造企业、成就企业家等。

（2）创业精神的本质

①自主精神是创业精神的基础

创业具有实践的各种特征，它以自然和社会为活动的客体，以促进人和社会的发展为目的，实现人和社会的共同发展和改造。如果对创业实践做具体的分析，就会发现，它除了具有实践活动的普遍性外，还具有高于一般实践活动的特征：在人的自觉能动性方面，它特别突出人的自主精神，即自由创造、自主创业、自立自强的精神，这种自主精神就是创业精神的基础。创业精神的强弱取决于人们自主创业意愿的强弱，这种意愿也就是人的创业需要、创业动机及由此升华而成的创业理想。创业意识从本质上说就是一种自强自立的精神，它是人们创业的内在动力，是创业精神的基础。需要越强烈，动机越纯正，理想越切合实际，信念越坚定，创业精神就越持久、越稳定。有了这种持续稳定的精神支持，创业活动才会持之以恒。

②创新精神是创业精神的核心

创新精神之所以是创业精神的核心，归根到底是由创业活动的开拓性决定的。创业是一种创造性的活动，它本身就是对现实的超越，就是一种创新，因此创业离不开创新。美国著名管理学家德鲁克认为，"创业就是要标新立异，打破已有的秩序，按照新的要求重新组织"，因为"理论、价值以及所有人类的思维和双手创造出来的东西都会老化、僵死……我们需要的是一个创业的社会，在这个社会中，创新和创业精神是正常、稳定和持续的。正如管理已成为所有现代机构的特有机制，成为组织社会的主体职能一样，创新和创业精神也必须成为保留组织、经济和社会之生存所不可或缺的活动"。的确，创业就意味着创新，创新就意味着突破。具体到精神领域，则意味着要形成将变革视为正常的、有益的现象的精神，形成一种寻找变革、适应变革，并将变革当作开创事业的机会的精神，形成一种赋予资源以新的价值的创造性的行为能力，这就是创新精神。

③务实精神是创业精神的归宿

务实精神是中华民族自古以来就普遍重视和提倡的一种精神，它要求人们办实事、求实效、立实功，躬行践履、不尚空谈，脚踏实地、实事求是，以达到名实相副。古之成大事者，莫不将务实作为精神利器。务实精神是中华民族的优秀传统美德，也是创业精神的落脚点。创业就是要创立一番事业，它是一种实实在在的实践活动，要求创业者扎扎实实地付出艰苦的努力，因此讲求实效、注重结果、踏实干事等务实精神是创业精神的最终归宿。有了创业的意识、创业的目标，拥有了知识、才能和品德，还只是具有了一种潜在的精神，只能说这种精神具有了某种内在的价值。要使这种内在的价值转化为外在的价值，还必须靠脚踏实地的、创造性的劳动。没有这种务实的劳动，人就无法确定创业精神与社会需要之间的价值关系，就无法使创业的理念变成现实、使创业计划变成真正的财富，也无法实现其创业的根本价值。

— 案例推送 ——

江风益心系蓝光

1987年，江风益进入长春物理研究所，师从中国发光学事业先行者之一的范希武先生，从此情系"发光"，开始了漫长的发光科学与技术的学习、研究工作。那时的江风益就认定"发光"是他一辈子要从事的事业。

1996年，江风益和合作者一道鼓起勇气，成功申请了国家"863"计划中的"蓝色发光材料与器件项目"这一世界前沿课题。选择这一课题有些大胆和冒险，但意义非凡，如果研制成功，将填补国内空白，推动显示和照明光源的更新换代。省政府拿出 240 万元经费支持这项高技术研究项目，这给他吃下了一颗定心丸，也让他备受鼓舞。从此，他主动放弃休息日，起早贪黑忙科研，常常来得最早、走得最晚；实验紧要时刻，吃住在实验室成为家常便饭。过度劳累使他的健康出了问题，江风益步行不到 50 米就要蹲下休息。医生诊断说他患上了严重的腰椎间盘突出椎管狭窄症，并警告他，若不及时做手术，很有可能会瘫痪。但他心中只有蓝光项目，没有把医生的劝告放在心上，还是义无反顾地投入紧张的科研工作。

2000 年，经过 1200 多次的实验，蓝光 LED 外延材料和蓝光二极管终于研制成功。这一成果是江风益的功劳，更是他的研究团队集体智慧的结晶。江风益在一次采访中说："科技创新需要团队协作精神，科研成果不是一个人单枪匹马能做出来的，绝大多数科技成果都需要一个强大的团队来完成。"他始终牢记恩师范希武先生在开学典礼上的发言："你们应该处理好与周边人的关系，哪怕是与研究室的'小人物'实验员或工人的关系都要处理好，有他们的支持和帮助，你们的研究工作才可能顺利进行。"正是与团队的密切协作和锲而不舍的精神，让他取得了最终的成功。

（3）创业精神的作用

①创业精神对个人进步的推动作用

创业精神在潜能性创新人才向现实性创新人才转化过程中发挥了独特的作用。推动主观创新能力向现实创新能力转化，推动观念思维操作能力向行动思维操作能力转化，推动创新观念蓝图向创新实践蓝图转化，这三大转化是创业精神作用的突出表现。

②创业精神对社会发展的推动作用

创业精神从本质上说是在动态变化的环境中识别和抓住机会，并加以有效利用的能力。越来越多的学者发现，创业精神较为活跃的地区，经济发展水平往往也较高，可以说，"创业精神是经济增长的发动机"。

当今一个毋庸置疑的事实是，唯有源源不断的创新能力以及包含高新技术的新产品和新产业，才是一个国家综合国力竞争的焦点和富强的体现。具有创业精神的企业家，是推动技术创新的重要力量，他们能够将科学和发明由潜在的生产力转变成为现实的生产力，带领企业进入良性的发展状态。只有企业家立足自主创新，注重自主创业，才能提升区域经济发展的综合竞争力。

（4）创业精神的培育

作为一种积极的思想观念和精神状态，创业精神对个人的进步和社会的发展具有十分重要的意义。因此，新时期的大学生创业教育必须着力在大学生中弘扬和培育创业精神。培育这种创业精神，既要与时俱进，更新教学目标、内容和方法，推动学科自身的发展，又要以同样的进取精神引导学生紧跟时代步伐，寻求变革，适应变革，为今后的创业提供精神动力与智力支持。

①创业教育

在知识经济时代，知识和人才成了最重要的生产要素。参照欧美国家20世纪80年代以来的经验，今天我们提倡创业精神，就要突出强调创业教育，着重培养学生的创业能力。我国是一个发展中的人口大国，就业压力大，这就更有必要从学生时代就开展创业教育。从深化教育改革的角度来讲，我国的教育已从应试教育逐步走上素质教育的轨道。创业教育不仅是素质教育的一部分，而且是素质教育的深化。创业教育强调提高大学生的创业能力、择业能力和适应能力，应该注重对学生创业意识和创造型人格的培养，还要帮助学生建立创业型的知识结构。进行创业教育，要重实践。我国的大学教师普遍缺乏实践经验，而国外的大学教师经常在企业做咨询工作，这样，教起学生来才不至于纸上谈兵、不切实际。所以，培养一支有相关创业经验的教师队伍是一项迫在眉睫的任务。

案例推送

斯坦福大学的创业教育

美国斯坦福大学有优良的创新创业教育传统。1891年，首任校长佐敦曾说："斯坦福没有任何传统，亦不受任何传统的阻碍。里面所有的路标都直指前方。"对全体师生而言，学校独特的创新创业文化氛围影响和激励着他们大胆创新。斯坦福大学成立之初，就非常注重营造浓郁的创新创业文化氛围：推崇创新、鼓励冒险、宽容失败。与其他高校不同，在校师生都将开创自己的公司作为奋斗目标，从教授到学生都乐于积极参与创新创业活动，这不仅造就了一大批创新创业人才，而且成功产生了一批世界闻名的高新技术企业。这种连续、经常的学术创业行为，为年轻师生提供了模仿的典范，师生在潜移默化中逐渐形成了良好的创新精神和创业意识。正如在求学期间就创办了 Google 公司的拉里·佩奇所说："在大学里，我和同学经常在一起讨论如何利用掌握的知识创办自己的企业。那时，我看到 Yahoo 的成功，心里就想，我绝对能开发出一款更出色的搜索引擎超过它。"创新精神和创业意识早已渗透到斯坦福大学的每个角落，并被提升为一种校园文化。

②培育企业创业文化

培育企业文化就是要培育以创业精神为核心价值取向的企业文化，通过对企业员工及其思想文化背景的分析，对企业发展目标与企业所处的竞争环境进行深入把握，提出有利于弘扬创业精神的企业文化发展目标和切实可行的行动方案，然后实施这一方案并在实践中对方案进行修正。这样不断巩固与发展已创建的企业文化，包括企业的物质文化、行为文化、精神文化与制度文化，企业的发展壮大就有了主心骨与灵魂。

③培植社会创业氛围

企业要想生存与发展，就必须要有一个良好的社会环境与文化氛围。从社会精神文化的视角来看，诚信是创业最需要的一种社会氛围。如何形成有利于创业的诚信社会氛围呢？这就要加速建立我国社会信用体系。第一，建立信息公开机制。要用信息公开来保证信息可靠，避免信息不对称而影响公平交易。经济活动的双方要依据可实证的资料，并对这种资料进行分析、评估，来进行交易。第二，加快完善信用立法和执法。从国家角度来讲，须修改、完善《中华人民共和国商业银行法》《中华人民共和国反不正当竞争法》等相关法律。各省可制定出台一些地方法规，建立失信惩处机制，对市场进行信用规范等，各地政府也应相应地完善信用监督和管理体系。第三，促进信用中介服务行业的市场化发展。要发展信用中介服务机构，就要依法规范公共信息、征信数据的取得和使用的程序。企业内部的信息管理也必须规范化、制度化。信用中介服务机构及相关行业协会等，也必须在政府的有效监督、管理之下加强自我监管。第四，通过宣传教育强化市场主体的现代诚信观念。讲信用属于社会道德范畴。党和政府以及各有关组织，要利用组织的渠道和舆论的影响力，并用典型示范的方法，加大对现代诚信观念的宣传。

5.2 创业者

5.2.1 创业者的界定

创业者是什么样的人？创业者的英文为 entrepreneur，和"企业家"为同一词，意为在没有或拥有较少资源的情况下，能锐意创新，发掘并实现潜在机会价值的个体。

在企业界，创业者通常被定义为组织、管理一家企业并承担相应风险的人。有两个基本含义：一是指企业家，即在现有企业中负责经营和决策的领导人；二是指企业创始人，通常理解为即将创办企业或刚刚创办企业的领导人。

一般来说，创业者的定义可分为狭义和广义两种。狭义的创业者是指参与创业活动的核心人员。广义的创业者是指参与创业活动的全部人员，创业者可能更多地以团队的形式出现。在创业过程中，狭义的创业者比广义的创业者要承担更多的风险，但也会获得更多的收益。另外，要区分创业者与职业经理人的概念。创业者是指开办或经营一家企业的人，他们既是员工，又是雇主，对企业经营的成功与失败负责；职业经理人通常不是他们所管理公司的所有者，而是被雇来管理公司日常运作的人。

5.2.2 创业者的类型

创业者可以从不同角度来分类，即根据创业者在创业过程中所扮演的角色、创业者的影响力、创业者的创业内容和创业者所处的创业领域等进行分类。

（1）根据创业者的角色划分

根据创业者在创业过程中所扮演的角色，可将其划分为独立创业者和创业团队。

①独立创业者是指独自创业的创业者，即个人出资和管理一家企业。独立创业者的创业动机和实践受很多因素影响，比如创业机会、对创业活动具有专注的精神、独立性强、他人成功创业的案例等。

独立创业者的主要特点是：可以充分发挥自身的想象力、创造力，自由展示其主观能动性和创新能力；可以自主安排自己的工作和生活，按照个人意愿追求自身价值最大化，实现创业的理想和抱负。但是，独立创业的难度和风险较大，独立创业者可能会缺乏管理经验、资金、人脉资源、客户等，创业压力较大。

②创业团队是由少数具有技能互补的创业者组成的，为实现共同的创业目标或达成高品质的结果而努力的共同体。创业团队依据其组成者特征，可以划分为星状创业团队和网状创业团队。

星状创业团队是目前最为常见的创业团队。星状创业团队有一个核心人物，这个核心人物即团队的领导者，由该领导者基于自身创业理念和需要组建团队，成员间可能熟悉也可能陌生，团队成员主要为团队提供支持和执行具体任务。例如，美国太阳微系统公司创业之初就是由维诺德·科尔斯勒民（Vinod KhMla）确立了多用途开放工作站的概念，接着他找了乔（Joy）和本其托斯（Bechtolsheim）两位软件和硬件方面的专家，以及一位具有实际制造经验的麦克·尼里（Mc Neary），组成了太阳微系统公司的星状创业团队。在星状团队中，如果核心人物的权威性过强，就可能导致权力过分集中或盲目权威，一旦团队冲突出现，其他团队成员就会处于被动地位，易做出退出决定，这样对团队发展不利。

星状创业团队主要的特点是：新企业结构紧密，创业团队向心力强，主导人物在新企业中的行为对其伙伴的影响巨大；在创业过程中，决策程序相对简单，新企业效率较高；容易形成权力过分集中的局面，从而增加决策失误的风险。

一般来说，网状创业团队的成员在创业之前原本就有密切的关系，他们可能是同学、亲友、同事、朋友等。与星状创业团队不同，网状创业团队在组成时并没有明确的核心人物，创业团队成员根据各自的特点在新企业中进行自发的角色定位，因此在新企业中，团队的每位成员基本上扮演的是协作者或者合作伙伴角色。通常情况下，创业团队成员因为某种关系而结识，基于互动而激发出创业点子，然后合伙创业。例如，微软公司的比尔·盖茨和他的童年玩伴保罗·艾伦，惠普公司的戴维·帕卡德和他在斯坦福大学的同学比尔·休利特等组成的都是典型的网状创业团队。

网状创业团队的主要特点是：创业团队没有明显的主导人物，整体结构较为松散；新企业在做决策时一般采取集体决策的方式，通过大量的沟通和讨论达成一致意见，因而新企业的决策效率较低；当团队成员之间发生冲突时，一般都采取平等协商、积极的态度来解决，团队成员不会轻易离开，如果团队成员间的冲突升级，某些团队成员就可能撤出团队，进而导致整个团队的涣散。

─ **案例推送** ─────

微软团队的"白板文化"和"一对一"谈话

交流是保证微软中国团队和谐的重要因素之一。在这方面，微软中国更有自己的特色。微软人认为，交流是沟通的核心，是解决问题的有效途径以及团队精神的体现。在微软公司，常用的沟通方式有 E-mail、电话、个别讨论等，而"白板文化"是其中最特别的。"白板文化"是指在微软的办公室、会议室甚至休息室都有专门的可供书写的白板，以便随时记录某些思想火花或一些建议。这样，一旦出现问题就可及时沟通、及时解决。另一个值得一提的是公司里有"一对一"的谈话习惯，老板定期找员工谈话，谈话内容很随意，可以不涉及工作，只是谈理想、谈生活，甚至谈孩子学习。"白板文化"和"一对一"的谈话习惯对微软团队创建和谐的工作环境起到了很大作用。

（2）根据创业者的影响力划分

根据创业者对市场和个人的影响力，可将创业者划分为复制型、模仿型、安定型和冒险型四种类型。

①复制型创业者

复制型创业者创业一般是复制某一公司的经营模式，其创新的成分很少。这种类型的创业者比较缺乏创新精神，因此他们不是推动社会经济发展的主要动力来源。

②模仿型创业者

虽然模仿型创业者在创业过程中的创新成分也很少，但与复制型创业者的不同之处在于，这种类型的创业者如果具有一定的素质，经过系统的创业培训，再把握正确的市场进入时机，则还是有很大成功机会的。

③安定型创业者

安定型创业者虽然为市场创造了新的价值，但其本身并没有太大的改变，从事的也都是比较熟悉的业务。这种类型的创业者强调的是创业精神的实现，也就是创新的活动，而不是新组织的创造。

④冒险型创业者

冒险型创业者是一类从事难度很高且风险比较大的创业活动的创业者。这种创业活动的失败率较高，但如果成功所获得的报酬也会很大。

— 案例推送 ——•

冒险创业家孙广信

孙广信在没有发迹前，只是在乌鲁木齐做一些拼缝之类的小生意。做这样小生意的人在商业传统悠久的乌鲁木齐多得是。孙广信发家于做酒楼。1989年秋季的一天，孙广信听说当地有一家专做粤菜的广东酒楼的老板因为欠债跑掉了。孙广信跑到那里一看，"嗯，这个酒楼不错，地理位置好，门面也不赖，行，可以做，是个机会"。当时就借了67万元把这个广东酒楼盘了下来，又从广东请来好厨子，进了活海鲜。此前孙广信没有做过餐饮业，当地人又吃惯了牛羊肉，对生猛海鲜不感兴趣，即使感兴趣的人也不敢轻易下箸。酒楼营业的头4个月孙广信亏了17万元，亏得他眼睛发直。但他坚持了下来，通过猛打广告猛优惠，将顾客数量提了上来，从酒楼里赚到了钱。此后孙广信又投资了石油、房地产行业，2012年他以上百亿身家入选《福布斯》中国富豪榜。

创业需要胆量，需要冒险。冒险精神是创业精神的重要组成部分，但创业不是赌博，创业者是冒险而不是冒进。

（3）根据创业者的创业内容划分

按照创业者的创业内容，可将其划分为生产型、管理型、市场型、科技型和金融型五种类型。

①生产型创业者

生产型创业者是指通过创办企业推出产品的创业者。其主要特点是这类创业者一般都具有企业的生产技术或产品开发背景，以生产技术为依托，常常直接从事商业化产品的开发，生产的产品通常科技含量比较高。

②管理型创业者

管理型创业者是指那些综合能力较强的创业者，这类创业者对专业知识并不十分精通，主要特点是在管理和协调工作中有自己的特长，能够通过各种有效的管理手段带领新企业前进。

③市场型创业者

市场型创业者通常是缺乏专业技术背景，没有技术经验，或者只有非技术组织的职业经验，但善于识别技术机会、有创业的点子，又有一定资金支持的创业个体。其主要特点是善于把握变化中的市场机会。例如，MBA专业的学生具有管理知识，大多数有管理实践经验，如果捕捉到某个创业机会后自主创业，那他们就属于市场型创业者。在我国由计划经济向市场经济转型的过程中，就涌现出大批的市场型创业者。海尔集团总裁张瑞敏有一句名言——"三只眼睛看世界"，意思就是在计划经济时期，企业只需要一只眼，即盯住政府就可以；市场经济条件下的企业则需要两只眼，一只盯住市场，另一只盯住员工；转型期的企业则需要有第三只眼，也就是说除了盯住市场和员工之外，还要盯住政府出台的政策。

④科技型创业者

科技型创业者多与高校和科研机构有关联,这些人具有很强的科研背景,从事的是基础科研开发工作,掌握着某种技术,有把科研成果转换成生产力的强烈欲望,一般在高等教育机构或非商业化的实验室担任或曾担任过学术职位。其主要特点是他们创办的企业多以高科技为依托。如高校里的某些科研型教授以自己的科研成果为核心,筹集资金创办企业,这就属于典型的科技型创业者。自 20 世纪 80 年代,为了促进先进科技成果转化为生产力,国家出台了一系列鼓励高等院校或科研机构创办企业的措施,如今许多科技企业的前身就是原来的校办企业或科研机构创办的院(所)办企业,如北大方正、清华同方和联想集团等。

⑤金融型创业者

金融型创业者实际上是一种风险投资家,他们向新企业提供的不仅仅是资金,更重要的是专业特长和管理经验。他们不仅参与新企业的经营方针和规划的制定,而且参与新企业的营销战略制定、资本运营以及人力资源管理。

(4)根据创业者所处的创业领域划分

根据创业者所处的创业领域,可将其划分为传统型创业者和技术型创业者。传统型创业者是指在传统的行业,如餐饮、房地产、服装等行业筹集资金,创办企业,为顾客提供产品或服务的创业者。技术型创业者以突出技术为主,其所创办的企业一般规模比较小,但产品的技术含量和附加值较高,利润空间较大。

5.2.3　创业者素质

(1)创业者的心理素质

根据成就动机理论,那些拥有创业心理素质的人员比不具备创业心理素质的人员具有更强烈的实施创业行为的倾向,成功的可能性也更大。创业者一般要具备以下心理素质:成就需要、控制源、敢于承担风险、不确定性容忍度、创业精神和团队意识。

①成就需要

创业者对创业成功有强烈的意愿,即成功创业不仅是为了获得个人价值实现的满足感,更是为了获得社会承认和声望。

②控制源

控制源是指创业者相信自己能控制人生。研究表明,创业者相信是由自己而不是他人决定创业的成功。他们有很强的控制欲，总是希望把创业过程掌握在自己手中。另外，具备这种素质的创业者个人独立性都较强。

③敢于承担风险

对创业者来说，在扑朔迷离、纷繁复杂的经济环境中，机会和风险并存。所谓的风险，无论是财务、社会方面的，还是心理方面的，都是创业过程中可能会遇到的。但是创业者要正确面对机会和风险，做好充分的准备去迎接机会的到来，并尽可能地躲避风险的侵害。

④不确定性容忍度

在创业过程中，创业者会遇到各种意想不到的困难，如资金周转困难、商品不畅销、员工管理不到位等，而一定程度的不确定性容忍度可以对一个创业成功起到积极作用。上述这些问题如果处理不当就有可能导致创业失败，因此，要做好随时应对困难的思想准备，迎接不断出现的挑战，始终朝着既定的目标坚持不懈地努力。一个创业者，只有勇于承担风险，不怕艰难、阻挠、障碍，并保持旺盛的斗志，才有可能最终成为一个出色的创业家。

⑤创业精神

创业精神是创业者的精神状态和对事业所持的态度。没有创业精神的创业者通常不会成功，也不能称为创业者。创业精神主要表现为自信、自强、自主、自立几个方面。

自信是指创业者要对自己充满信心。对准备创业的人而言，自信心尤为重要。一个成功创业者的特点之一，就是对自己充满信心。如果某位老板或总裁连企业走哪条路都拿不定主意，那么可想而知，企业今后的发展也一定不会顺利。但是，自信并不是自傲。有一种极端情况是，有些人在采取行动时，表现得过于自信，听不进任何人的意见。其实，这并不是自信。自信者不会拒绝别人的意见或建议，否则，那就是盲目自大，这对创业者来说是一定要注意的。

自强就是创业者不贪图眼前的利益，勇于尝试和实践，不断提高自己各方面的能力与才干，使自己成为生活与事业的强者。

自主是指创业者具有独立的人格，具有独立的创业思维能力。创业是一种需要全身心投入的事业，只有坚持积极的态度和务实的精神，创业才能成功。在这个过程中，没有人会给创业者制订计划，在面对困难、问题、危机时，创业者只有积极努力、脚踏实地地奋斗，才有可能收获成功。

自立就是创业者凭自己的头脑和双手、智慧和才能、努力和奋斗，建立起自己的事业。

⑥团队意识

在创业道路上，创业者必须摒弃"同行是冤家"的观念，学会合作与交往。通过语言、文字等多种形式与周围的人进行有效的交流与沟通，这样可以提高办事效率和成功的概率。在创业过程中，创业者需要与客户打交道，与公众媒体打交道，与销售商打交道，与企业内部员工打交道，这些交往、沟通可以帮助创业者排除障碍、化解矛盾，降低创业难度，增加与合作伙伴的信任度，推动事业的发展。

（2）创业者的行为素质

创业者在行为方式上要具备坚持学习、执着、灵活多变、良好的商业道德和责任感等素质。

①坚持学习

现代社会需要学习型的企业，创业者在创业初期更需要学习行业内领先企业、标杆企业的成功经验。创业者只有不放弃学习和进步，才能为新企业的发展提供源源不断的智力支持。

②执着

一个心智健全的人，他的一切有目的的活动和行为都会受意志的影响。在日常带有目的性和方向性的活动和行为中，意志因素表现得并不明显；在创业活动中，目的性和方向性表现得异常强烈、鲜明，创业中的障碍和困难都需要创业者去克服，此时人的精神就会处在高度紧张的状态，在这种紧张的情况下，意志就起着异常重要的作用。可以说，创业者的创业活动也是一种复杂的意志活动。渴望成功的意志是创业者必不可少的。

③灵活多变

灵活多变指的是创业者对创业方法和路径的选择，要一切从实际出发，并根据环境的变化对创业活动及时准确地做出相应调整。

④良好的商业道德

诚信、诚实、诚恳是一家企业生存和发展的根基，是对创业者最基本的商业道德要求。

⑤责任感

创业者创业不仅要实现自己的个人价值，同时还要承担大量的社会责任。在创业伊始，创业者可能是为了个人或家庭，但当企业越来越壮大的时候，创业者就要对更多的人负责，对团队成员、对企业负责，甚至是对社会负责。

（3）创业者综合素质

创业者必须具备丰富的创业知识。创业知识和经验需要不断总结和积累。大学生既可以在书本中获取创业知识，也可以向成功的创业人士学习创业经验，还可以从别人创业成功和失败的案例中总结经验、吸取教训。创业者必须能够正确地认识自我，换言之，就是创业者能够客观正确地评价自己。创业者在创业前要了解自己是否有创业的意愿，是否有创业的目标，以及自己是否适合创业等。

创业者创业，必须以足够的资源实力为前提和基础，只有具备了足够的优势资源，创业的发展才能一帆风顺。创业不是单打独斗，广泛的人脉资源不仅可以帮助创业者形成稳定、紧密的创业初始团队，还可以更好地拓展市场、招揽人才和吸引投资者，扩大企业的生存发展空间。

─ 案例推送 ──•

华为创始人任正非

任正非，1944 年 10 月 25 日出生于贵州省镇宁县，祖籍浙江省浦江县，是华为技术有限公司主要创始人、总裁。1963 年考入重庆建筑工程学院（现已并入重庆大学），毕业后就业于一家建筑工程单位。1974 年应征入伍成为基建工程兵，参与辽阳化纤总厂建设任务，历任技术员、工程师、副所长（技术副团级），无军衔。1987 年，任正非集资 21000 元人民币创立华为公司，1988 年出任华为公司总裁。

华为创立之初，任正非几乎每天都到现场检查生产及研发进度，开会研究如何解决面临的困难，分工协调解决各种各样的问题。遇到吃饭时间，任正非和公司高层就在大排档同大家聚餐，由其中职位最高的人自掏腰包请大家吃饭。后来，华为公司总部搬到了深圳龙岗坂田华为工业园。华为熬过了创业的艰苦岁月。

在华为成长的过程中，任正非在华为提出了"人人股份制"的构想。任正非透露，设计这个制度是受其父母不自私、节俭、忍耐与心怀慈爱这些美德的影响。任正非还创立了华为的 CEO 轮值制度，即每人轮值半年。此举既避免公司成败系于一人，亦避免出现"一朝天子一朝臣"的情况。同时，华为公司在深圳坂田基地召开了"董事会自律宣言宣誓"大会，华为总裁任正非与华为其他十余位高管一起，面向华为全球的几百位中高级管理者做出了自律宣言。

由于其高尚的价值观和自律精神以及其带领华为所取得的成就，任正非于2018年入选中央统战部、全国工商联发布的《改革开放40年百名杰出民营企业家名单》。

5.2.4 创业者能力

（1）组织领导能力

①战略管理能力

创业者的战略管理能力表现为，创业开始的第一步是找准方向、严密论证，进而做出战略决策。创业环境总是复杂的，在这个环境中，政策的、经济的、文化的各种因素相互联系、错综复杂，任何方案都不是完备的和确定的，这就需要创业者有总揽全局的战略管理能力。古人云："不谋全局者，不足谋一域；不谋万世者，不足谋一时。"在今天这样一个新生事物层出不穷的时代，创业者必须做到正确认识经济的发展规律，敏锐地分析市场的发展变化，准确地把握国家的政策法规，才能够正确地评估创业机会和创业方案。从全局的高度认识和把握问题，是全面分析、把握创业方向的基本要求。

②领导能力

"领导能力"就是指指导和统率的能力。在创业过程中，创业者的领导能力通常通过以下几个方面来体现：

第一，活力。具有巨大的个人能量，对行动有强烈的偏爱，干劲十足，不屈服于逆境，不惧怕变化，善于学习，喜爱挑战新事物，充满活力，这些都是创业者有活力的表现。

第二，鼓动力。能够激励和激发员工的能力，能够活跃周围的人，善于表达自己的构想与主意。

第三，执行力。能够将设想和结果联系起来，不是口头说说就完了，而是要将设想变成切实可行的行动计划，并能够直接参与和领导计划的实施。

③协调整合能力

良好的协调能力有利于信息的沟通，对于加强相互理解和利益共享有切实的好处。创业者与竞争者之间、创业者与客户之间都存在这样或那样的摩擦，高超的协调能力能够化解其中的矛盾，使创业者获得良好的形象，提高其可信程度，为合作打好基础。高超的协调能力还可以调节相关主体间的感情，增加合作的愿望和机会。协调能力应用在团队内部，可以促使团队积极、高效地开展工作。

④亲和力

亲和力是一种个人魅力，亲和力可以使创业者更好地团结同事和朋友，为交际、协调等带来方便。一个人的亲和力，既来自其观点、主张和处事原则，又来自其行事作风和气质风范，能够给人一种莫名的亲切感。

（2）业务能力

①经营管理能力

经营管理能力是指创业者对人员、资金以及新企业的内外部运营的管理能力。经营是对外的，追求从企业外部获取资源和建立影响，追求的是效益，是扩张性的，主张积极进取、抓住机会。强大的经营能力是创业成功的关键。创业者一般也是新企业的经营者，新企业能否发展成功在很大程度上取决于创业者的经营能力。管理是对内的，强调创业者对内部资源的整合和秩序的建立，追求的是效率。

管理能力主要包括营销管理能力和财务管理能力等。其中创业团队的组建能力十分重要，一个企业需要细致的"内管家"，活跃的"外交家"，有战略眼光的"设计师"，执行力强的"工程师"，思维先进的"开拓者"。因此，创业者既要把专长不同、个性不同的团队成员凝聚在一起，又要让他们在一起融洽、愉快地工作，组成优势互补的创业团队，形成协同优势。

②专业技术能力

专业技术能力是创业者掌握和运用专业知识进行专业生产的能力。专业技术能力具有很强的实践性。许多专业知识和技巧要在实践中摸索，逐步发展和完善。创业者要重视创业过程中知识的积累和职业技能的训练，对于书本知识和经验要在深入理解的基础上予以提高、拓宽，对于书本外的知识和经验要积极探索，认真分析、总结，形成自己的体验。只有这样，专业技术能力才会不断提高。

③交际能力

交际能力包括表达能力和反应能力。表达能力是充分、有效地将自己的观点阐释给对方的能力。反应能力是交际能力的另一个方面，是对表达能力的补充。在交际过程中，良好的反应能力能够帮助创业者随时领会和把握表达对象的需求，及时有效地调整要表达的方式和内容。

④创新能力

创新的实质是通过科学研究、生产活动和管理实践，创造新的理念、产品或服务。不论是知识创新、技术创新还是管理创新，都要靠人来完成。创新能力是创业者的核心能力。在创业过程中，无论是捕捉新的机遇、寻找新的市场，还是撰写一份有潜质的创业计划，甚至融资，都离不开创新。所以，对一个创业者或创业团队来说，必须具备市场、技术、管理和控制的创新能力。

⑤学习能力

相当大数量的创业者所从事的是未被程序化的创新工作，需要以新的知识来解决新的问题。知识爆炸和技术更新速度的加快，使得新企业面临的竞争环境异常激烈，只有具有强大学习能力的创业者才能驾驭创业的理想之船驶向成功的彼岸。学习能力是现代社会里任何组织、任何人都应具备的，只不过新企业和创业者在企业的孕育期对其要求更高。因此，现代管理学中最时髦的术语就是学习型组织、学习的革命、终身学习等。学习能力不只是学习已存在知识的能力，更重要的是搜集外部信息并对其进行总结、提高、创新的能力，这种能力在实际运用中往往表现为当事人有敏锐的"直觉"。创业者的非理性行为，指的就是这种靠直觉行事的方式。直觉是一种感觉，也是学习的结果。创业者在企业的初创阶段更多的是依赖这种直觉来行事，因而需要不断提高自己的学习能力。

案例推送

卡尔森拥有创业者能力

北欧航联总经理卡尔森是一个经营天才，他上任两年就将公司扭亏为盈。北欧航联的董事会是怎样任用他的呢？

出生于公务员家庭的卡尔森，1968年从斯德哥尔摩经济学校毕业后，进入温雷索尔旅游公司从事市场调研工作。3年后，北欧航联买下了这家公司。卡尔森在旅游公司先后担任了市场调研部主管和公司总经理。由于他经营有方，到1978年，公司已发展成瑞典第一流的旅游公司。

1978年，瑞典航空公司出现危机，无力偿还债务，北欧航联随即任命卡尔森为该公司的总经理。他调任总经理不久后，便找到了问题的症结：国内民航公司定的收费标准不合理，早晚高峰时间的票价和中午空闲时间的票价一样。

对此，卡尔森将中午班机的票价减了一半以上，以吸引去瑞典湖区、山区的滑雪者和登山野营者。这样一来，很多人在机场外面扎起帐篷，等候空座。卡尔森主管的第一年，瑞典航空公司不但转亏为盈，而且获得了相当丰厚的利润。

1980年，整个北欧航联所属的航空公司都出现了危机，此时董事会就想到了卡尔森，当年就起用卡尔森在总公司主管民航事务，1981年卡尔森成为总经理。

卡尔森上任后，大胆改革，除下放权力外，他还翻新飞机，给订高价飞机票的商务旅客安排较好的座位等。短短两年时间，北欧航联大多数航运公司就扭亏为盈，重获生机。

然而，卡尔森并不是一个十全十美的人，董事会中也有人不喜欢他。就个人作风而言，卡尔森自称是个"有表现癖"的好出风头者，声称"天下三百六十行，行行都在表演亮相"。一些同事对他动辄对报界发表谈话夸夸其谈的作风大为不满。他曾要求将公司改名为"斯堪的纳维亚皇家航空公司"，觉得这更符合这个国情，结果碰了一鼻子灰。董事会的第一副董事长反唇相讥："你自己是不是也想改名换姓？"尽管这些人不喜欢卡尔森，但只要卡尔森能为他们赚钱，他们还是愿意让卡尔森做总经理。

有的人爱出风头、有野心并不完全是坏事，野心有时也是一种令人积极、认真、敏捷、勤奋地工作的动力。

5.3 商业模式

5.3.1 商业模式及其特征

（1）商业模式

著名管理学大师德鲁克认为，当今企业之间的竞争不是产品的竞争，而是商业模式的竞争。一家企业要想在竞争中获胜，就必须把企业有形的和无形的资源整合到一个商业模式中，赋予这个商业模式特殊的生命力，并依靠它发挥出来的作用最大限度地提升核心竞争能力。问题是究竟什么是商业模式，或者说商业模式的本质是什么。

玛格丽塔（Magretta）认为商业模式的本质是叙述企业如何运作，一种好的商业模式既可以回答企业最重要的问题——谁是顾客？顾客需要什么？也能回答每个管理者必定要回答的基本问题——我们如何通过商业活动来赚钱？商业模式与企业整个业务体系运作方式相关，运用得好，就可以促使管理人员认真对待自己的业务。

所谓创业的商业模式，即将创业者的创意转变为目标客户愿意接受的价值的逻辑化的商业方式与方法。不同的商业模式体现着特定商业交易中利益相关者不同的交易关系，既决定了目标客户从创业者手中得到什么，也决定了创业者可以从特定的创业活动中得到什么。创业的商业模式通常涉及创业者的创意价值、内部结构、外部关系、营销战略、盈利途径、利润屏障六个要素。创业者能否通过自己的创意为客户创造并提供有价值的商品和服务，从根本上决定着创业的成败，而其他五个要素则是服务于创意价值的支撑性因素。

（2）商业模式的特征

①持续盈利

企业能否持续盈利是判断其商业模式是否成功的唯一外在标准。在设计商业模式时，持续盈利是最重要的原则。持续盈利是指既能盈利又是可持续的，而不是一次性的盈利。

②客户价值最大化

商业模式能否持续盈利取决于该模式能否实现客户价值最大化。一个不能满足客户价值需求的商业模式，即使盈利，也一定是暂时的、偶然的，不具有持续性；反之，一个能使客户价值最大化的商业模式，即使暂时不盈利，但最终会实现持续盈利。

③资源整合

整合就是要优化资源配置，有取有舍，获得整体的最优。在战略思维层面上，资源整合是通过组织协调，把企业内部彼此相关但分离的职能，以及企业外部既参与共同使命又拥有独立经济利益的合作伙伴，整合成一个客户服务系统，取得"1+1＞2"的效果；在战术选择层面上，资源整合是根据企业的发展战略和市场需求，对有关资源进行重新配置，以凸显企业的核心竞争力，并寻求资源配置与客户需求的最佳结合点，目的是通过组织制度安排和管理运作协调来增强企业的竞争优势，提高客户服务水平。

④持续创新

商业模式的创新形式贯穿于企业经营的整个过程之中，贯穿于企业资源开发模式、制造方式、营销体系、市场流通等各个环节，也就是说，企业经营每一个环节上的创新都有可能变成一种成功的商业模式。

⑤有效的融资

融资模式的打造对企业有着特殊的意义。企业生存需要资金，企业发展需要资金，企业快速成长更需要资金，谁能解决资金问题，谁就赢得了企业发展的先机，也就掌握了市场的主动权。

⑥高效率的组织管理

高效率的组织管理是每家企业管理者都梦寐以求的。一家企业要想高效率地运行，应解决三个问题：首先，要确定企业的愿景、使命和核心价值，这是企业生存、成长的动力；其次，要有一套科学、实用的运营和管理系统，以解决系统协同、计划、组织和约束的问题；最后，要有科学的奖励方案，目的是可以让员工分享企业成长所带来的红利。良好的商业模式能帮助企业解决这三个主要问题，从而保障组织管理的高效运行。

⑦风险控制

良好的商业模式能够抵御和规避企业在经营过程中遇到的风险。这包括两个方面：一是外部的风险，如政策、法律和行业风险；二是内部的风险，如产品的变化、人员的变更、资金的不继等。

5.3.2 商业模式创新

商业模式创新是指企业商业模式作为一个整体所发生的变化或改进。它可以是由一项或几项关键要素的改变引发的，但其最终一定是对企业商业模式的各个方面产生影响，并使商业模式作为一个整体发生改变。例如诺基亚由向市场提供化工产品改为提供移动通信产品，其资源组合、运作流程以及供应商和分销渠道等都随之发生变化。这种表面看来由单一产品要素引发的商业模式变化，事实上是商业模式的整体变化。也可以简单地说，诺基亚赚钱的方式发生了改变，其商业模式也就发生了改变。

商业模式创新极为重要，因为它关系到创业者能否有效地将自己的创意转变为客户所需要的价值。从行业的视角观察，新商业模式的出现可以有两种不同的基本途径。一种是以新企业的形式出现的全新的商业模式，其创新过程表现为拥有新模式的新企业的创业过程。例如，比尔·盖茨创建微软，弗雷德·史密斯创建联邦快递。另一种是在原有企业的基础上发展演变而成的新商业模式，其创新的过程则表现为企业内部旧模式被替代，新模式逐步形成的过程。例如，诺基亚从最早的伐木造纸工厂发展到现代的移动通信设备制造商与服务商，其间就经过数次商业模式的转变。

要实现商业模式创新还需具备一些基本条件。一是提供全新的产品或服务，开创新的产业领域，或以前所未有的方式提供已有的产品或服务。例如，孟加拉乡村银行给当地穷人提供小额贷款服务，开辟了全新的产业领域，这在其国家是前所未有的。又如，亚马逊网站上卖的书和其他零售书店没什么不同，但它的销售方式与实体书店全然不同。二是商业模式至少有多个要素明显不同于其他企业，而非少量的差异。例如，孟加拉乡村银行与传统商业银行的不同之处在于，它主要以贫穷妇女为主要目标客户，贷款额度小，不需要担保和抵押等。而亚马逊相比传统书店，其产品选择范围更广，通过密集的仓库和配货运送网络可以让图书更快地到达读者手中。三是有良好的业绩表现，这体现在公司的成本、盈利能力、独特竞争优势等方面。例如，孟加拉乡村银行虽然不以盈利为主要目的，但它一直是盈利的。亚马逊在一些传统绩效指标方面的良好表现也表明了它的商业模式的优势，如消费者付款后，这笔资金通常在 24 小时内到达亚马逊账户，而亚马逊付款给供应商的时间通常是顾客收货后的 45 天内，这意味着它可以用这笔钱在长达一个半月的时间内做投资，获取利润。

案例推送

马克·扎克伯格的新商业模式

Facebook 的创始人马克·扎克伯格是哈佛大学的学生。最初，网站的注册仅限于哈佛大学的学生，之后扩展到波士顿地区的其他高校，最终发展为在全球范围内有大学后缀电子邮箱的人都可以注册。

Facebook 在经济大环境不佳的情况下，专注于锐意创新，实现了快速成长。Facebook 的主要特点：一是创新的架构，Facebook 的架构是"用户自己的空间＋社交互动的平台＋商业应用"，这点在全球还没有其他平台能超越；二是开放性，Facebook 是唯一将源代码和第三方服务接口完全开放的平台，商用开发者可以最大限度地使用 Facebook 的用户资源；三是真实的身份，Facebook 的用户都是以真实身份注册和登录的，真实的身份成就了真实的社交网络。

2015 年 8 月 28 日，Facebook CEO 马克·扎克伯格在个人 Facebook 账号上发布消息称，Facebook 的单日用户数突破 10 亿。

▶ **重要概念**

创业；创业机会；创业动机；创业精神；创业团队；组织结构；发展规划；风险控制；商业模式；技术创新；资源整合；可持续发展。

▶ **思考题**

1. 在创业道路上应如何保持自己的创新精神？

2. 结合你的专业，谈谈你的创业思路。

3. 创业和创新的关系是什么？

4. 创业者应遵循哪些社会道德和伦理规范？

5. 你觉得创业团队的领导者应具备哪些素质？

6. 商业模式要解决的核心问题是什么？应如何设计商业模式？

第6章 创业的关键活动

▶ 引例

"90后"大学生开启创业之路

"90后"唐雷、于飞克两人是大学同班同学，毕业于南京师范大学的程卫是他俩的高中同学。当很多学生还在抱怨大学生活无聊时，三个浏阳小伙子在大二就开始琢磨"合伙创业"。

三人从大二开始合伙办教育培训公司，到大四那年，已积累30余万元资金。三人商量准备投资新兴的别墅"轰趴馆"。"日租别墅聚会是一种全新的聚会模式，符合年轻人的需求"，唐雷说，"这是个新兴行业，它在成长与完善，市场是看好的，关键在于自己去创新"。

看准商机，三人在湖南第一师范学院附近租下一套别墅，花费25万元左右装修一番，"新青年别墅聚吧"正式开门迎客。"租别墅分成上午、下午和晚上三个场次，周一到周四一个价格，周五到周日一个价格。"目前长沙日租别墅有两种收费模式：一种是按时间段收费，包场费用固定；另一种是按"人头"收费，最多可以容纳四五十人。

程卫表示，他们注册了一家文化传播有限公司，与多家企业签订了合作协议。两年来，他们已经在湖南、陕西、江西、贵州等地租下 10 套别墅，年营业额近 800 万元。

"以前同学聚会，吃饭在一个地方，唱歌又去另一个地方，有时候需要转场几次。"来参加别墅聚会的湖南商学院大一学生李琴说，别墅聚会最大的特点就在于它能满足每个人的要求，大家基本上都能在这里找到自己喜欢的娱乐项目。"以往很多人都认为别墅消费难以承受，而现在别墅却以一种平价姿态悄然进入年轻人的生活，成为长沙娱乐新风尚。"唐雷表示，别墅聚会目前在湖南的接受度越来越高。

"创业就像攀登珠峰，必须要有勇气和坚持不懈的精神。"对于这三个 90 后大学生来说，创业带来的挑战与未知让他们热血沸腾。

6.1　成为创业者并组建创业团队

当今是一个互通互联、分享共赢的时代，独自创业很难成功，因此合作是创业的必经之路。无论是从风险的角度，还是从创业的角度，都可以看出合作是创业的奠基石。合作其实就是个人与个人之间、群体与群体之间为了达到他们的共同目的，通过一定方式相互配合的一种联合行动。

6.1.1　创业团队的概念

不同的学者从不同的角度界定了创业团队。有学者认为创业团队是指两个或两个以上的人参与创立一项事业并能获得相应的财务利益（equity or financial interest），这些人出现在公司启动之前，即在实际开始制造产品或为市场提供某种服务之前这一时期。

综合已有文献，我们认为在现实情况下，创业团队的组合要满足以下几个条件：在企业创立的较早阶段就加入；拥有企业股份；在企业内承担相应的管理工作或其他任务，不是纯粹的投资人。创业团队是创业企业的高层管理团队，所以它具有高层管理团队与其他类型团队相区别的特征：它在企业中位于高层，对企业的创立和发展等具有重要作用；它面临的环境相对于其他类型的团队来说（如自我管理团队）更为复杂和多变；它要承担的任务也是最多的，包括企业内外部的各种复杂任务；它要求的个人能力和经验等是分布式的，是多种多样的。

总之，创业团队是一个特殊群体，是由两个或两个以上技能上互补的成员为实现共同的创业目标而组成的群体。

6.1.2　创业团队的五个组成要素

（1）目标（purpose）

创业活动要依靠团队而不是某个人来进行。创业团队应该有一个既定的创业目标，该创业目标应成为创业团队共同奋斗的目标。

（2）人员（people）

在新创企业中，人力资源是所有创业资源中最活跃、最重要的资源。创业目标是通过人来实现的，不同的人通过分工共同完成创业团队的任务，所以，人员的选择在创业团队建设中非常重要。创业者在组建创业团队时应当充分考虑成员的能力、性格等方面的因素。

（3）定位（place）

定位指的是创业团队中的成员在创业活动中扮演的角色，也就是创业团队成员的角色分工。创业活动要想成功推进，不仅需要一个合适的创业机会，还需要整个团队成员能各司其职，并且产生一种良好的合作力量。因此，每个创业团队成员都应当对自己在团队中的位置有正确的认识，并且根据定位充分发挥自己的主观能动性，以促进企业成长。

（4）权力（power）

创业团队当中领导人的权力大小与其团队的发展阶段和创业实体所在行业相关。一般来说，创业团队越成熟，领导者拥有的权力相应越小，在创业团队发展的初期，领导权相对比较集中。高科技企业多数实行的是民主的管理方式。

（5）计划（plan）

计划是指创业团队未来的发展规划，也是目标和定位的具体体现。在计划的帮助下，创业者能够有效地制订创业团队的短期目标和长期目标，能够提出达到目标的有效实施方案。这里所说的计划还尚未达到商业计划书那种复杂程度，但是，从团队的组建和发展过程来看，计划的指导作用自始至终都是存在的。因此，为了充分推进创业过程，创业伙伴们必须不断磨合，才能形成一个拥有共同目标、人员配置得当、定位清晰、权限分明、计划充分的团队。

6.1.3　创业团队的分工

优秀的创业团队必须能够实现有效的分工，形成优势互补。一般情况下，创业团由以下几部分构成。

（1）团队领袖

团队领袖是为了实现团队的共同目标，为团队其他成员提供指引的人。团队领袖的主要任务是：鼓励并领导团队成员实现目标和愿景；控制团队的行动、过程和结果；塑造团结的集体和团队精神；关注每个团队成员。

（2）核心员工

核心员工指经猎头公司、人才市场、媒体广告、熟人介绍而进入公司，能够帮助企业实现公司战略目标和保持、提高公司的竞争优势，或者能够直接帮助主管提高业务能力、经营能力和抵御企业管理风险能力的员工。核心员工一般具有较高的知识水平或技能，对企业发展至关重要，是各大企业争夺的目标。

（3）董事会

董事会可以保障公司战略目标的实现和经营决策的有效性，并对高层管理团队进行选拔、监督和激励。它是有效连接企业所有者与经营者利益，保证公司战略目标与经营者实践之间的一惯性，确保公司管理与运营处于正确轨道之上的关键。

（4）专业顾问

专业顾问包括顾问委员会、投资者和贷款方、咨询师，这些人能保障公司在各个环节有效率地开展工作，实现公司利益最大化。

除以上所说几部分，如果创业者所要建立的是一个技术类的创业公司，那么还应该有一个技术研发主管人员。对于高技术创业企业来说，创业者自己往往就是技术领域的佼佼者，其创业活动往往是基于自己在实验室中开发出的项目。但是很多情况下，核心创业领导者不能兼任技术管理工作，因为核心领导者关注的更多是企业战略层面的问题，所以技术研发的工作更需要一个专业人士来承担。

6.1.4 高校学生创业团队的培养模式

1999 年以来，我国高校招生规模不断扩大，高等教育已经步入了大众化阶段。我国大学生毕业后待业的现象日渐明显。因此，大学生不能仅靠用人单位给予就业机会，而应该通过自身的努力积极尝试创业。对大学生加强创业教育，不仅是世界教育发展和改革的新趋势，也是我国高等教育和社会经济发展的需要。因此，对高校学生创业团队的培养模式进行探讨和指导创业实践成为当前创业教育的重要内容。

（1）建立学生创业团队直接参与企业创新的商业平台

高校的专业设置与社会企业的需求结合越来越紧密。学校应该积极、有效、合理地引导学生组建自己的创业团队，应该建立由相关部门和校内外专家组成的创业指导机构。创业团队的组建要与学生社团、课程兴趣小组以及优秀生的培养结合起来。创业团队组建完成以后，应该指导团队制订初步的创业计划，这个计划应该尽可能地遵循市场规律，具备较强的可操作性。

高校的创业指导机构一方面要指导学生组建创业团队、制订创业计划，另一方面要根据本校的办学特色和学生特点积极寻求需要外部合作尤其是与高校学生进行创新合作的企业。在学生创业团队与企业的初步磨合过程中，学生创业团队可以根据企业的需求适当地调整团队的创业计划。与此同时，学生创业团队一定要保持自身的独立性，以"模拟法人"的身份与企业合作。通过学校就业指导机构的组织协调，在学生创业团队与企业达成一定的共识后，即可建立一个有合同保障的关系。以学生创业团队为主体，由企业、高校及学生共同参与的创新创业合作平台由此建立。

（2）成立以企业管理人员为主的导师组，指导学生创业团队的创业活动

我国一直很重视大中专院校创业教育师资体系的建设，然而大部分高校的创业教育师资体系建设并不尽如人意。首先是很多高校没有建立专门的创业教育（指导）机构，其次是从事创业教育的指导教师缺乏实践经验。

由于学生创业团队的创业活动是直接面向企业的准商业行为，因而有必要引入以企业管理人员为主的导师组对创业团队的创业过程提供指导和帮助。对所要引入的企业管理人员的要求有：必须是企业中层以上的管理人员；要有指导学生创业的兴趣和热情；拥有创业意识，最好拥有创业的成功经验或者失败的教训；尽量避免所在企业与学生创业团队有竞争性。同时，导师组应该包含若干专职的高校创业教育指导教师，他们与来自企业的导师组成一个有机的整体。

6.2 识别创业机会

6.2.1 创业机会的内涵

创业机会指一种满足未被满足的有效需要的可能性。这种需要有可能暂时得到部分满足，有待于激发和再组织。这种有效的需要还必须具有盈利能力，因此这个需要具备以下要素：一是满足这个需要的成本低于人们满足需要所期望的价格；二是需要水平本

身要足够高，这样才能为满足这个需要的努力提供合理的回报。换言之，机会必须能在市场上接受考验，能有持续获得利益的潜能；创业机会有其市场定位，有其价值脉络与竞争的前景。

也可以说，创业机会就是一个创意可以在市场上行得通。这个创意所提供的产品或者服务不但能给某些人带来实际的好处和用处——他们肯买，而且他们付的金钱可以使创业者得到利润。

6.2.2　创业机会的特征

（1）隐蔽性

创业机会具有极强的隐蔽性，不是你一眼就能看到、一伸手就能够到的。我们身边充满了各种各样的创业机会，只有具备创业潜力的人才能发现它、利用它。

（2）偶然性

创业机会的发现和捕捉带有很大的不确定性，而且在大多数情况下是偶然的。创业机会的产生有意外性，当你毫无准备的时候，它却突然出现在你的面前。如果人们平时不注重知识的积累、辛勤持久的探索，即使创业机会摆在眼前，也可能会与它擦肩而过。

（3）易逝性

创业机会存在于一定范围内，你只要稍一迟疑，就会被别人抢走。创业者选择创业机会后，要在适当的时间段内启动创业，进入市场。这个适当的时间段就是创业的机会窗口。创业者只有在这个时间段内启动创业，进入市场，才有可能获得相应的商业回报。由于寻找创业机会的人很多，因此，在激烈的市场竞争中要做到先下手为强。

6.2.3　创业机会的来源

创业机会既隐蔽又稍纵即逝，大学生可以通过哪些渠道发现创业机会呢？

（1）大众传媒

大众传媒包括报纸、杂志、电视、互联网等，它们可以为创业者提供大量的信息和想法。及时了解媒体关于当前社会的流行趋势或消费者需求变化的报道，或许可从中发现某个新的创业领域。比如现在流行的自媒体创业，只要有优质的内容，一个公众号就可以赚钱。

（2）个人兴趣爱好

许多人在追求爱好或兴趣的过程中产生了创业的想法。比如有的人喜欢旅行，于是研发了旅游 APP；有人有艺术特长，会弹琴会唱歌，于是办起了少儿艺术培训班。比起那些不了解的领域，个人的兴趣爱好是最好的创业机会来源。

（3）展览会

展览会是寻找创业机会的最直接途径。展会上有各种各样的新产品、新服务，创业者还可以直接与厂商、批发商、代理商面谈，获得许多好的创业想法。

6.2.4 创业机会的识别

创业机会识别是指创业者在创业过程中对商机的判断，简单来说就是创业者能将商机转化为创业项目，运行该项目且能够获取利润。

（1）创业机会的识别原则

①最小竞争原则

选择创业机会时一定要做好市场调研，了解当前市场中同类产品有多少，就是通常所说的红海、蓝海问题。竞争越少，企业存活下去的可能性就越大。当然也有例外，有的行业竞争越激烈反而利润越高，但对于创业者来说，高利润同时也伴随着高投入、高风险。

②符合市场规则原则

首先是找准创业项目的目标客户群。对于创业者来说，"顾客就是上帝"这句话一点也不假，要想赢利就要满足顾客的需求。对顾客需求的分析是否明确、产品能否持续创新等，都会影响创业能否成功。

其次是企业所面临的市场规模。创业者要根据市场实际规模和发展状况来确定是否有必要进入此行业。实际上，只有有发展空间和发展势头的行业才会充满创业机会，这就需要创业者去抓住大多数人未发现的空白市场，找到市场切入点。

③风险最低原则

大学生资本少、创业经验不足，在选择创业机会时要尽量选择风险较低的行业。当然，低投入、低风险的创业项目获得的回报也较低。

④流行趋势原则

某一时段市场的流行趋势能为创业机会的选择指明一个方向。比如现在的网红经济就是抓住了当前的流行趋势而产生的一种创业形式，而且发展速度极快。

○**案例推送** ──────•

贝店：从没啥可买到买遍全球再到定制购买

随着天猫、苏宁、京东等电商平台的出现，购物变得更加便捷、快速，人们开始习惯在网上采购。同时，消费者更加青睐个性化产品，更关注自身体验、产品溯源和品质背书，这些消费需求又催生出新的商业形态。比如，在共享经济的大潮中，社交电商出现在人们的视野中，并呈现迅猛发展的态势。

国内知名的社交电商贝店，采用自营加品牌直供的模式，与全球数万个优质品牌、源头工厂以及农业生态种植基地进行战略合作，以确保产品原料均为源头直采，顾客不仅能得到正品体验，还能花更少的钱买到更好的商品。

为了满足"好货性价比"的需求，贝店将精力放在了品质溯源、好货挖掘上。贝店与当地政府达成"一县一品"合作协议，精选国内地域性优质农产品，并深入其产地源头拍摄"溯源之旅"的微纪录片，向消费者直观展现农产品的种植及生产加工过程，通过"透明农场"的宣传方式使消费者放心购买。

贝店精选全球大牌制造商，并结合客户需求进行定制化生产、集中式采购，由行业第三方专业质检团队检验，这样不仅能有效确保每件商品的品质，还能使消费者享受省去中间环节的最低价格。

与传统电商不同，贝店要做的不仅是一个销售平台，它更注重的是通过自营、联营的方式，在消费者心里深植"好货性价比"的观念，树立精选、品质的口碑。这样看来，在追求个性化消费、注重品质和一流服务的今天，贝店受到广大消费者的热捧是理所当然的。

（2）识别创业机会的方法

①市场调查

市场调查就是采用科学的方法对市场进行了解和把握，在调查活动中收集、整理、分析市场信息，掌握市场发展变化的规律和趋势，为识别机会提供可靠的数据和资料，并从中找到可靠的商机。

②系统分析

实际上，绝大多数的机会都可以通过对企业的宏观环境和微观环境进行系统分析发现。创业者要在市场调研的基础上，从环境变化中发现机会、发现规律。

③创新创造

创新创造是为了满足市场需求，通过积极探索相应的新知识、新技术，进行新产品的开发或技术发明，进而成功探索出新的商业价值的活动。通过创新创造获得机会的难度较大，风险也更高，但如果获得成功，其回报也更大。

（3）学会识别四类创业机会

创业需要机会，机会要靠发现。在创业机会识别阶段，创业者要从繁杂的创意中选择合适的创业机会，并持续开发这一机会，以较好地满足目标顾客的需求，最终做成真正的企业。要想找到合适的创业机会，创业者应识别或者辨别以下创业机会。

①现有市场机会和潜在市场机会

市场机会中那些明显未被满足的市场需求被称为现有市场机会，那些隐藏在现有需求背后的、未被满足的市场需求被称为潜在市场机会。在现有的市场中发现创业机会是较为自然和经济的选择，但往往发现者多，竞争激烈。而潜在市场不容易被发现，识别难度较大，往往蕴藏着巨大的商机。

②行业市场机会与边缘市场机会

行业市场机会是指来自某一个行业的市场机会，而在不同行业之间的交叉结合部分出现的市场机会被称为边缘市场机会。一般而言，人们对行业市场机会比较重视，因为发现、寻找和识别的难度较小，所以竞争往往很激烈，成功的概率也低。而行业与行业之间的"夹缝"地带的市场机会往往不易被人发现，需要有丰富的想象力和大胆的开拓精神，创业者一旦抓住，成功的概率也高。

③当前市场机会和未来市场机会

那些在当前环境变化中出现的市场机会被称为当前市场机会，而通过市场研究和预测分析它将在未来某一时期内实现的市场机会则被称为未来市场机会。如果创业者能提前预测到某种机会会出现，就可以在这种市场机会到来前做好准备，从而获得领先优势。

④全面市场机会与局部市场机会

全面市场机会是指在大范围市场出现的未被满足的需求，如国际市场或者全国市场出现的市场机会。局部市场机会是指在某个局部范围或者细分市场出现的未被满足的需求。在大市场中寻找和发掘局部和细分市场机会，可以见缝插针、拾遗补阙，创业者可以集中优势资源进入目标市场，有利于增强其主动性、减少盲目性，提高成功的概率。

6.3 获取创业资源

6.3.1 创业资源的分类

创业资源有多种分类，根据资源的性质可以将创业资源分为以下六种。

（1）人力资源

人力资源包括创业者与团队的知识、技能、经验，也包括组织及成员的专业知识、判断力、视野、愿景，以及创业者的人际关系网络。创业团队是新创企业最重要的人力资源，他们的信念和价值观是新创企业的基石。说新创企业之间的竞争实际上是创业团队之间的竞争，也并不夸张。

（2）社会资源

社会资源指通过人际关系和社会关系网络形成的资源，可以说是一种特殊的人力资源。社会资源对创业活动来说非常重要，丰富的社会资源能够使创业者有机会接触大量的外部信息，有助于降低创业潜在的风险，加强合作者之间的关系和信任度，因此拓展社会资源也是创业者的一项重要工作。

（3）财务资源

财务资源包括资金、资产、股票等。对于大部分创业者来说，财务资源主要来自个人、家庭成员和朋友。此外，创业者还可以从外部获取一定的创业资金。

（4）物质资源

物质资源指创业和经营活动所需要的有形资产，如土地、厂房、设备等，也包括一些自然资源，如矿山、森林等。

（5）技术资源

技术资源包括关键技术、制造流程、作业系统、专用生产设备等。技术资源与人力资源的区别是：人力资源主要存在于个人身上，随着人员的流动会流失；技术资源大多与物质资源相结合，可以通过法律手段予以保护。

（6）组织资源

组织资源包括组织结构、作业流程、质量系统、工作规范，通常指组织内部的正式管理系统，包括信息沟通、决策系统以及组织内正式和非正式的计划和活动等。一般来说，人力资源需要在组织资源的支持下才能更好地发挥作用，企业文化也需要在良好的组织环境中得到培养。

6.3.2 获取相关创业资源的途径

创业资源多种多样，对大学生而言，获取创业资源的主要途径有：

（1）获取技术资源的途径

目前学生创业者的技术意识还不够强，拥有的核心实用技术少，创业项目偏向于商务服务类。然而，真正成功的创业者，大多会在两个方面下功夫：一是拥有核心技术，二是拥有一流团队。因此，技术资源是创业初期最为关键的创业资源之一。美国的微软公司和苹果公司，最初的创业资本都不过几千美元，创业人员也只有几人。它们之所以走向成功，就是因为它们拥有独特的创业技术。

那么，如何获得技术资源呢？①吸引技术持有者加入创业团队；②购买他人的成熟技术，并进行技术市场寿命分析；③购买他人的前景型技术，再通过后续的完善开发，使之达到商业化要求；④同时购买技术和技术持有者；⑤自己研发。

我们还应该随时关注各高校实验室、老师或者学生的研发成果，定期去国家专利局网站查阅各种专利的申请，养成及时关注科技信息、浏览各种科技报道，留意科技成果，并从中发现具有巨大商机的习惯。

（2）获取人力资源的途径

创业者及其团队的洞察力、知识、能力、经验及社会关系等人力资源会影响创业的整个过程。创业前可在读书期间做一些校园创业实践活动，这个过程既能赚些钱，又能增长关于市场的知识，还可以锻炼组织能力——因为往往要组织创业小团队。也可以考虑进入一家企业为别人工作，通过工作的经历学习行业知识、建立客户资源渠道，了解企业运作的经验，学习开拓市场的方法，认识赢利模式。概括起来，获取人力资源的途径有：①打工；②参加校园创业实践；③参加各类学生创新创业大赛；④拜访优秀创业者；⑤与优秀的人共事。

（3）获取财务资源的途径

创业资金是企业运营的血液，没有资金，创业企业及创业管理团队就无法生存。创业过程的每一个环节、每一个阶段都需要足够的资金支持。对于资金的获取，一般可通过以下几种途径：①个人存款；②依靠亲朋好友筹集资金，双方形成债权债务关系；③抵押、银行贷款或企业贷款；④争取政府某个计划的资金支持；⑤所有权融资，包括吸引新的拥有资金的创业同盟者加入创业团队，吸引现有企业以股东身份向新企业投资、参与创业活动，以及吸引企业孵化器或创业投资者的股权资金投入等；⑥做一个详尽可行的创业计划，以吸引一些学生创业基金甚至风险投资基金的目光。

（4）获取政策、信息、市场等资源的途径

信息时代，社会上存在着无数的创业政策、信息、市场等资源。创业者可以根据自己的实际需要，尽可能多地获取有效信息并加以选择，努力了解分析包括竞争对手、政府、行业、合作伙伴、客户等在内的周边环境的变化信息。一般而言，我们可以通过以下途径获取相关资源：①电视、报纸、广播、互联网等各种新闻媒体；②市场调研；③政府机构网站；④图书馆、阅览室；⑤大学研究机构；⑥专业信息机构等。

6.3.3 整合创业资源

创业资源的整合是一个复杂的动态过程，是创业企业对不同来源、不同层次、不同结构、不同内容的资源进行选择、汲取、配置、激活和有机整合的过程。这一动态过程包括资源识别、资源获取、资源利用和资源拓展四个相互影响、相互衔接的阶段。

（1）创业资源整合过程

①资源识别

创业者在新创企业成立之前，必须努力挖掘和反复评价自身现有的各种初始资源，包括各种有形资源和无形资源，如人才、技术、设备、品牌等。同时，要学会从中发现和识别哪些可以实现其创业目的，分析、评价自己的资源优势和不足，判断哪些资源属于战略性资源，哪些资源属于一般性资源，还要确定资源的数量、质量、使用时间和使用顺序。

在识别自身已有资源的同时，还要对外部资源进行识别和判断，及时发现企业所需的各种外部资源，分析所需要的创业资源可以从哪些渠道获得，并为各种资源渠道获得的难易程度进行排序；同时，要确定谁拥有这些资源，对资源所有者的利益需求进行深度分析，与自己所拥有的资源进行比较，找到利益契合点。

②资源获取

创业者要尽可能利用已有资源和能力去控制或获取那些尚无法得到的资源。获取资源的方式通常有两种：购买和并购。资源购买主要是通过市场行为购入所需的资源；资源并购是通过股权收购或资产收购，将企业外部资源内部化。对于大多数新创企业，其占有和控制的资源必定是有限的，因此还需要通过其他方式来获取资源。例如，创业者可以通过完美的商业计划、个人的网络关系和良好的社会声誉等资源，与资源所有者之间建立联系，吸引潜在的合作者并获得资源。

③资源利用

创业者在识别和获取资源之后并不一定能保证企业的存活。创业者还需根据不同的创业理念，将资源的价值和潜能进行整合，转化为新企业所特有的资源并加以利用。企业资源在未整合前大多数是零碎、低效的，要发挥这些资源的最大使用价值，就必须运用科学方法对各类资源进行细化、配置和激活，让它们相互匹配、有机融合、互为补充、互相增强，形成"1＋1＞2"的局面，为企业的进一步发展奠定基础。

④资源拓展

创业者在创业过程中，还需要将以前没有建立起联系的资源相互联系，将新获取的资源和已有的资源进行链接融合，进一步开发潜在资源为企业所利用。这一过程又称为资源的再开发，即开拓资源的范围和功能，为今后资源的识别、获取、配置和利用奠定更为坚实的基础，这也是企业保持持续竞争优势的根源。

—— 案例推送 ——

借力修天桥

国际商场是天津市第一家上市公司，毗邻南京路，这是一条十分繁忙的主干道，对面就是繁华的商业街。在国际商场开业时，门口并没有过街天桥，行人穿越南京路不方便也不安全。经过那里的人都会产生应该修个天桥的想法，但都认为这是政府的事。不过，政府由于财政资金紧张，一直没有行动。

一个年轻人却从这件事中看到了商机。他找到政府相关部门，提出用自己的钱修天桥，但要允许他在天桥上设置广告牌。不花钱还让老百姓高兴，有关部门觉得不错，就同意了。这个年轻人拿到政府批文，立即想到找一些大公司洽谈广告业务。在这样繁华的街道上立广告牌，这是大公司求之不得的事情。很快，这个年轻人从大公司那里拿到广告的定金。他用这笔钱修建了天桥还略有剩余。天桥修建好了，广告也挂上了，年轻人从大公司那里拿到余款，获得了第一桶金。

（2）创业资源的整合方法

①善用资源整合技巧

要学会拼凑。成功的创业者往往会善于运用发现的眼光，洞悉身边各种资源的属性，利用一切资源进行创业活动。这些资源可能对他人是无用的，但是创业者可以通过自己独特的经验和技巧，将其加以拼凑、整合和利用。

要步步为营。创业者分多个阶段投入资源，并在每个阶段投入最有限的资源，这种做法就是步步为营。步步为营首先要设法降低资源的使用量，降低管理成本；其次表现为自力更生，减少对外部资源的依赖，降低经营风险。

②发挥资源杠杆效应

尽管创业过程中存在资源约束，但创业者并不会被当前控制或支配的资源所限制。成功的创业者善于利用关键资源的杠杆效应，利用他人或者别的企业的资源来实现自己创业的目的，或者利用一种资源撬动和获得其他资源。

③设置合理利益机制

资源通常与利益相关，创业者之所以能够比较容易地从家庭成员那里获得支持，是因为家庭成员之间不仅是利益相关者，更是利益整体。既然资源与利益相关，创业者在整合资源时，就一定要设计好有助于资源整合的利益机制，尽可能多地找到利益相关者，借力发展。同时，分析清楚这些组织或个体和自己以及自己想做的事情的利益关系，利益关系越强、越直接，整合到资源的可能性就越大。

▶ **重要概念**

创业团队；创业机会；机会识别；创业资源；资源整合；利益相关者。

▶ **思考题**

1. 怎样才能打造优秀的创业团队？

2. 发现创业机会的途径有哪些？

3. 如何识别利益相关者？

4. 在创业过程中如何进行资源整合？

第7章 创业计划

7.1 创业计划的内容与结构

7.1.1 创业计划的作用

创业计划，又称"商业计划"，是引领创业的纲领性文件，是创业者的具体行动指南。一方面，创业计划能让创业者明晰自己的创业思路；另一方面，创业计划能使投资方明白这个项目的投资价值。创业计划本质上是一种创业介绍或投资申请。一份优秀的商业计划书不仅能够吸引投资者的眼球，还能够有效地指导企业经营，帮助创业者厘清企业未来的发展思路。因此，在具体的创业实践中，创业者必须高度重视创业计划的价值和作用。

（1）创业计划是创业者把握企业发展的总纲领

创业计划的内容有两大方面：一是企业追求的目标，二是为了实现这一目标而制订的行动计划。行动和目标越一致，创业计划的可行性越高，创业成功的概率就越大。

通过制订创业计划，创业者能够明确创业方向、厘清创业思路。创业计划的写作是一个长期的过程，需要根据企业的实际情况不断地调整和完善。在这一过程中，创业者或者改变销售策略，或者更新经营思路，或者认识到某一方面还存在错误与不足，甚至会改变总目标下的某一个子目标，这些都有利于企业的良性发展。总之，对创业者来说，创业计划无异于总纲领和总路线。

（2）创业计划是投资者决定是否投资的重要参考

从融资角度来看，创业计划通常被喻为"敲门砖"。一份详细完备的创业计划应该包含投资者所需要的信息：该企业的现实业绩和发展前景，市场竞争力和优劣势，企业资金需求现状和偿还能力，以及创业者及其团队的能力和阵容等。这些都是投资者关心的重点，是他们衡量企业实力和潜力的依据，而且是他们决定是否对企业投资的重要参考。

（3）创业计划是创业团队及合作者共同奋斗的动力和期望

创业计划书是创业者对创业理想的现实阐述，是连接理想与现实的桥梁。企业的预期目标、公司战略、进度安排、团队管理等方面都是创业者创业理想的具体表现，是创业团队奋斗的动力。明晰的创业计划，有助于统一创业团队的思想和路线，有助于步调一致、有的放矢，能让创业者及其同伴紧密团结在一起，同甘共苦，为未来打拼。创业计划是亲缘纽带的"黏合剂"，因为优秀的创业计划可以让创业者赢得亲友的信任与支持，坚定创业者在艰难的创业路上的信心与勇气。

（4）创业计划为企业经营活动提供依据与支撑

创业计划是为企业发展所做的规划。企业的创立与成长需要创业计划的引领。创业计划的主要内容是规划企业发展，包括资金规划、财务预算、产品开发、投资回收、风险评估等，每一项内容都与企业发展休戚相关。因此，创业计划是企业发展的有力依据和有效支撑。

创业计划是创业理想的具体图景，是创业行动的有效依据，是创业企业的指路明灯。它既服务于企业，又服务于投资方，还服务于利益相关者。它就像企业、投资方、利益相关者的"三方协议"，每一方既有责任也有义务。其中，企业的具体操作和创业计划的关联程度，直接关系到投资方和其他相关者的利益。

7.1.2　创业计划的内容

创业计划一般围绕企业的发展目标、商业模式、竞争能力、市场调查制订。主要包括以下四个方面：

（1）企业描述

企业描述是对创业企业各项相关事宜的总体介绍。

①企业概述，包括企业成立的时间、形式、创立者、创业团队简介，以及企业发展概述。

②企业目标，指企业奋斗的方向和所要实现的目标。

③产品或服务介绍，包括对产业环境发展，产品或服务的开发过程，以及产品或服务的特性、优势、不足等方面的介绍。

④进度安排，包括以下内容：市场份额、产品开发介绍、主要合作伙伴、融资计划等。

（2）营销计划

①市场分析，主要描述过去、现在和未来的市场需求，分析市场潜力，预测市场价格的发展趋势，列举市场上主要竞争者的优势和劣势，明确自己的竞争策略。

②运营计划，可提供有关产品生产和服务开发方面的信息，具体包括厂房的选址和建造、原材料需求、设备购置、生产方法、制造流程、产品包装、成本预算、生产计划等。

③销售计划，主要说明未来的销售策略（包括销售方法、促销手段、定价策略等）、销售计划、销售渠道、宣传方式与成本预算等。

（3）组织与管理计划

指企业的组织结构以及可能发生的变动，营销团队与管理团队的基本资料、专长和工作理念，企业的资薪结构，人才需求计划和培训计划等，即对企业的组织结构及其关键人物资料进行的说明。

（4）财务计划

财务计划主要包括企业过去的财务状况、融资计划、融资后的财务预算与评估、对未来 5 年的损益平衡分析。其中，过去的财务状况主要指资产负债表和资产损益表，融资计划主要指融资用途、时机与金额。

鉴于创业计划在创业过程中极为重要，创业者在制订创业计划时应当从上述几个方面入手，力争做到内容充实详备、有理有据。有两点需要注意：一是不用面面俱到，要重点突出、详略有度；二是不能千篇一律，要体现特色、彰显风格。

案例推送

创业计划书这七点没做到，别拿给投资人看，浪费时间！

之前有不少创业者跟乐客独角兽平台小秘书诉苦，"给几个一线投资人投了 BP（创业计划书），可是都石沉大海，主动去联系也没有什么回应"。上周一次偶然的机会，小秘书采访了雷军。雷军总结了 7 点，如果一份创业计划书中将这 7 点都写明白了，他会认可这个项目，也一定会主动联系你，但如果你的创业计划书中连这最基本的 7 点都没做到，那么项目再好，他也没兴趣进一步了解。这 7 点具体为：

1. 从你的创业计划书中能不能看出你已经进行过完整的市场调查和分析？

2. 你的创业计划书能否打消投资者对产品（服务）的疑虑？

3. 你在创业计划书中有没有说明你有偿还借款的能力？

4. 你的创业计划书是否容易被投资人领会？（优秀的创业计划书应该备有索引和目录，方便投资人查阅各个部分。当然，目录中的信息流一定要有逻辑。）

5. 你的创业计划书中是否有计划摘要，并且放在了最前面？（计划摘要相当于公司创业计划书的封面，一般投资人第一眼就会看到它，能不能引起投资人的兴趣，计划摘要起着关键的作用，所以一定要下功夫把摘要写得引人入胜。）

6. 你的创业计划书是否在文法上正确无误？

7. 你的创业计划书里有没有写明你是否具有公司管理经验？

雷军告诉小秘书，创业者写的创业计划书如果没有做到以上七点，就不要拿给他看了，否则就是浪费双方时间！一份计划书都写不好，项目思路怎么能完整？创业怎么能成功？

7.1.3 创业计划的基本结构

一份完整的创业计划书一般由标题、目录、正文和附录四部分构成。

（1）标题

标题明确了创业项目名称，体现了企业的经营范围。标题一般在封面以醒目的字体标示出来，比如《××创业计划书》。

（2）目录

目录是正文的索引。这里需要按照章节顺序逐一排列每章大标题、每节小标题以及章节对应的页码。

── **案例推送** ──────•

淘宝书店创业计划书（部分目录内容）

（3）正文

正文是创业计划书的主要内容，包括摘要、主体和结论三大部分。

摘要既是创业计划书的引文，要引起读者的阅读兴趣，又是创业计划书的总纲，能让读者对创业计划书的内容有一个整体的认知。因此，摘要是整份计划书的精华和亮点，也是整份计划书的灵魂。它涵盖了整份计划书的要点，其品质是投资者决定是否投资的关键。摘要是对企业基本情况、企业竞争能力、企业市场地位、企业营销战略、企业管理策略、创业项目的投资前景以及风险预测等方面的综合概述。

摘要是对整个创业计划书的精华作出的总结，所以通常在计划书的主体完成后撰写。一份出色的摘要须简短精练，1～2页纸即可。

主体是对摘要的具体展开。为了让读者一目了然，一般采取章节式、标题式的体例。这部分集中了企业战略计划、运营计划、组织与管理计划、财务计划等内容，具体包括企业介绍、市场分析、产品（服务）介绍、组织结构介绍、前景预测、营销策略描述、生产计划展示、财务规划和风险分析等。只要执笔者能够做到条分缕析，各章节的具体顺序可以自行调整。

结论是对整个创业计划书内容的总结式概括。它和摘要前后呼应，体现文本的完整性。

（4）附录

附录是对主体部分的补充。受篇幅限制，不宜在主体部分过多描述的，或不能在一个层面详细展示的，或需要提供参考资料、数据的内容，一般放在附录中，以供参考。附录包括：企业营业执照，审计报告，相关数据统计，财务报表，新产品鉴定，商业信函、合同等，相关荣誉证书等。

7.2 创业计划书的撰写与展示

7.2.1 研讨创业构想

创业蓝图不能只存在于脑海，还要把它表达出来，才能在创业实践中发挥真正的作用。这就需要制定一份创业计划书。研讨一个创业构想究竟是否可行，可行到何种程度，是真正实施创业计划之前必做的一项工作。

（1）研讨产品或服务

①概念陈述

"概念陈述"由美国俄拉何马州立大学教授布鲁斯·R.巴林格（Bruce R. Barringer）提出。他认为，概念陈述是包括向行业专家、潜在顾客提交产品或服务的基本描述，并征求反馈意见的活动。概念陈述写好以后，至少要交给 10 个人看，这 10 个人应该是能够提供公正、有见识的反馈或意见的人，这 10 个人最好不包括家人或朋友，因为他们已经在前期做出了积极反馈。如果时间充裕，概念陈述要反复提炼，以夯实产品或服务的创意。

②研讨需求

企业开发的产品或提供的服务是否被消费者需要，需要的程度有多大，是研讨产品或服务可行性的重要指标。

这一指标往往要靠调查或调研来完成。做调研时，调查表会连同概念陈述一并发放给消费者。首先调查的是消费者购买产品或服务意愿的程度，是明确购买还是明确不购买，是有可能购买还是有可能不购买，这些都要在问卷中列出来，供不同的消费者选择；其次是附加的相关话题，比如能够接受的价格是多少、希望在哪里买到该产品、对该产品或服务的后续服务有什么要求等。

相对于调查，调研是一种隐性的行为。借助资料、书籍、相关数据、互联网等提供的信息，结合自己在街头巷尾、校园内外、公共场所的主动问询，创业者能够搜集到更多的信息，从而进一步明确自己的产品或服务是否可行。

（2）研讨行业或目标市场

①行业分析

中国有句俗话，"同行是冤家"。这句话道出了行业竞争的事实。要想为自己的产品或服务打开销路，要想在激烈的市场竞争中取胜，首先要做的是对计划进入的行业做分析。

如果计划推向市场的产品或服务所属的行业是新兴的，且处于成长阶段，是顾客必需的，具有较高商业利润且不依赖关键原材料的低价来维持盈利，那么，它就是可行的。

②目标市场分析

目标市场是针对宽泛的市场空间而言的。企业要想获得成功就必须对目标市场进行正确的价值定位。价值定位经常会涉及这些问题：为什么消费者要从你这里买而不是从其他人那里买？为什么你的产品对消费者更加有用？你的产品或服务是否能给消费者带来独一无二的价值？你的产品或服务怎样优于竞争者？

—— 案例推送 ——

"野马"汽车的诞生与营销

1962年，"野马之父"李·艾柯卡（Lee Lacocca）在就任美国福特汽车公司分部总经理后，便产生了生产一种新车的念头，经过充分的调研他发现：第二次世界大战以后出生的几千万婴儿如今即将长大成人，今后10年的汽车销售量将会大幅度增长，购车的主力军就是年轻人。与此同时，人们购买汽车的关注点也在发生变化，日益追求样式新颖的轻型豪华车。由此，李·艾柯卡找到了一个目标市场——车型像跑车还要胜过跑车，消费群体是年轻人。接下来，经过再三改进，样车最后定为方顶、流线型、前长后短，低矮又不失大方的造型，整体上显得既潇洒又矫健。再经过多轮筛选，确定了"野马"这一地道的美国名字。接下来是落实定价。李·艾柯卡邀请了来自底特律的 52 对中等收入的青年夫妇来做调研，他们对汽车造型相当满意，表示能接受的价格在 10000 美元左右。当李·艾柯卡宣布车价将在 2500 美元以内时，他们都表示将购买这种能显示身份和地位的新车。最后，李·艾柯卡把车价定在 2368 美元，并开始设计下一步的营销策略，这就为野马车全面销售打开了局面。

（3）研讨创业团队及组织管理

初创企业对团队及组织管理进行研讨、分析非常必要。因为人是企业的核心，人的才能、智慧和人与人之间的协作能力决定了企业的发展。

布鲁斯·R. 巴林格认为，进行管理评估时，要注意两个重要因素：一是个体创业者或管理团队对商业创意所持有的激情，二是管理团队或个体创业者对将要进入的市场的了解程度。

（4）研讨创业资源

初创企业是否拥有足够的资源以维系企业生产活动、销售活动的正常开展，所占有的资源能否真正发挥效用，是资源研讨的核心。创业者开始创业活动之前，必须先获得创业资源，无论是设备、资金等有形资源还是信息、知识、政策等无形资源。

事实上，企业不可能同时获得所需的各种资源，只要具备基本的资源即可，其他所需资源可以用市场化的方式逐步来获取。

（5）研讨财务状况

①研讨启动资金状况

首先是启动资金预测。要计算企业在开创之初，用于房租、水电、宣传、工资、保险、原材料、生产、销售等方面的最低费用是多少。由于创业过程中存在许多未知的风险，因此原则上，启动资金要比预测资金适当多出一定额度，以备不时之需。

其次是权衡启动资金来源。无论是利用自有积蓄还是向亲友借款，无论是向银行贷款还是获取风险投资，都要权衡利弊。如果是向亲友借款，应拟订双方协议，以确保借款方的利益。

②研讨潜在绩效

这里需要与同类企业进行比较，通过对比、类比来把握新创企业的潜在绩效。

③研讨财务吸引力

企业财务吸引力与企业的预计销售额和利润率成正比。预计销售额越大，利润越高，企业财务吸引力就越大，反之则越小。为了提升财务吸引力，企业需要精心制作各种财务报表，包括预测的现金流量表、损益表和资产负债表等。

财务可行性分析应该涉及以下几个方面：一是在清晰界定的利基市场中，企业销售额要在企业成立后5～7年稳定快速地增长；二是比例很高的持续性收益，这意味着企业一旦赢得某个客户，客户就会给企业提供持续的利润来源；三是能够合理地确定预期收入和费用；四是拥有帮助和支持企业成长的内生资金；五是投资者将权益变现的机会。

总之，创业不能率性而为，创业计划更不是儿戏。经过研讨，当发现你的创业计划切实可行时，你就可以去执行创业计划、施展创业抱负了。

7.2.2　分析和应对创业中可能遇到的问题和风险

现实中，我们很难将行动和计划分开，没有创业计划会使创业举步维艰，而任何一个创业者又无法在所有事情都计划好之后才开始创业行动。创业计划只是既定阶段的前行方向，随着创业行动的进展做出相应调整才能使创业计划具备真正的可行性。这与创业活动本身的复杂程度有关，与创业者的能力相连，也与事物不断变化、发展的特性分不开。因此，创业者要学会正确面对、分析和解决这些问题和风险。

（1）管理风险

管理风险，是在创业管理运作过程中因信息不对称、管理不善、判断失误等因素影响管理水平，而导致创业失败的风险。它包括管理者风险、决策风险、组织和人力资源风险、创业团队风险。

通过提高管理者的素质，改变管理和决策方式，可以有效应对初创企业的管理风险。具体来说，应努力提高核心创业成员的素质，使其建立诚信意识和市场经济意识，并以此为基础做好领导层的管理建设，建立能适应企业不同发展阶段变革的组织结构；做到民主决策与集权管理的统一，将企业的执行权进行合理分配，防止不规范的家族式管理方法影响企业发展；明确决策目标，完善决策机制，减少决策失误。

案例推送 ——●

惠普以人才兴业

人们常说，"人才就是资本"，"知识就是财富"。对企业来讲，知识是企业无形的财富，人才是企业无法估量的资本。

美国惠普公司的成功就是一个很好的例证。斯坦福大学毕业生休利特以 1538 美元起家，建立惠普公司，并将其发展成为美国十大电子公司之一。2004 年度惠普公司的销售收入达 799 亿美元，比上年增长 9.4%，在美国《财富》杂志公布的 2005 年全球企业 500 强排行榜上位居第 28 位。惠普公司的成功，得益于休利特两条有趣的"管理公式"。

1. 人才＋资本＋知识＝财富

1983 年，《财富》杂志对全美 700 多名企业经理、管理人员进行调查，给各企业评分，最终惠普获最佳企业评比的"亚军"，在"吸引、留住和培训人才"方面得分最高。作为公司老板的休利特认为，电子仪器公司不同于传统行业，是应用新科学技术最多的工业部门，这样的企业对知识的渴求远远大于其他企业。只有占据人才优势，才能在激烈的竞争中处于积极主动的地位；只有通过人才竞争，知识才可以发挥作用、产生威力。

用惠普公司经理的话讲，就是"本公司发展的主要经验就是依靠人才"。因此，惠普公司十分重视员工培训，经常选派工程师到高等院校学习、深造，薪资照发；鼓励青年技术人员参加各种半脱产学习，公司为他们支付学费，报销路费，补贴住宿费；公司重视全员培训，每年要举办上千个学习班。惠普公司还十分重视吸纳人才。公司每年都派出一批知人善任、有管理经验的技术管理干部，前往有名的高等学府发掘应届毕业生中的佼佼者，当面考评，优选慎聘。

2. 博士＋汽车库＝公司

这条公式的内涵较为丰富。休利特尊重每一个员工，认为每个员工都是惠普的"博士"。休利特坚持的信念是："不论男女，大家都想有一份富有创造性的工作。""惠普公司的传统是设身处地为员工着想，尊重员工，认可员工的个人成就。""汽车库"式的企业发展方针，体现在惠普公司新产品开发的战略上。他们每年用于新产品开发的费用，占销售收入的 8%～10%，但他们从不离开公司原有的技术专长，而是围绕已有的高新技术和骨干产品进行系列开发。

（2）市场风险

市场风险是指企业或者所生产的产品不能适应市场需要，技术相对落后，产品质量不过关，或者售后服务不完善，或者销售渠道不畅通，或各种因素加在一起带来的风险。

- 案例推送 ——•

IBM 公司的失误

1959 年，IBM 公司预测施乐 914 复印机在 10 年内仅会销售 5000 台，从而拒绝了与研制该产品的哈罗德公司的技术合作。然而，未曾料想复印技术被人们迅速采用，改名为施乐公司的哈罗德公司 10 年内销售了 20 万台施乐 914 复印机，成为一个大公司。IBM 公司对自己的判断失误追悔莫及。

（3）人才流失风险

人力资源是创业活动中最重要的资源。企业的成长发展说到底是人才的发展，由此产生的风险对初创企业来说往往也是致命的风险。首先，创业者应不断充实自己，持续提高自己的个人素质，使自己的知识和能力与创业活动相匹配；其次，通过沟通、协调、高效的奖惩机制等来管理创业团队，并在创业团队发展的不同阶段确定相应的管理内容，科学合理地对成员进行绩效评价。

（4）财务风险

筹资困难和资本结构不合理是很多初创企业明显的财务特征和主要的财务风险来源。要有效规避财务风险，就要做到以下几点：创业者要对创业的所需资金进行合理估计，避免筹资不足影响企业的健康成长和后继发展；要学会建立和经营创业者自身和初创企业的信用，以提高获得资金的概率；创业者或创业团队一定要学会在企业的长远发展和当前利益之间进行权衡，设置合理的财务结构，从合理、合法的渠道获得资金；管理好初创企业的现金流，避免出现周转困难甚至破产清算的局面。

─ **案例推送** ──────●

> ### "中国第一家鞋业连锁企业"的倒闭
>
> 　　李忠文，"百信鞋业"创始人，他引进连锁概念，搞起"鞋业超市"，对外号称"中国第一家鞋业连锁企业"。"百信鞋业"采取的是家电经销的模式，即由厂家先垫货，待一段时间之后，再由商家给厂家结款。这种运作模式很好地缓解了商家资金紧张的局面，但同时也潜伏着巨大的危险。在"百信"起步的时候，李忠文的信誉非常好，但是随着李忠文的信心爆棚，短时间内开出几十家店。这些店铺占压了大量的资金，这使"百信"的资金始终处于极度紧缺的状态。"百信"开始对厂家失信，结款的周期越来越长。当"百信"内外交困时，一直存在的"偷逃税"事件被揭发出来，成为压垮骆驼的最后一根稻草。李忠文的"百信帝国"几乎在一夜之间土崩瓦解。

　　（5）法律风险

　　企业因为违反法律法规，侵害第三方合法权益，不规范履行合同所产生的风险就是法律风险。企业要及时、妥善地解决好法律问题，否则会造成一定的经济损失。一旦企业违反合同而被起诉，不仅要赔偿对方的损失，自己也会受到相应的处罚。不良事项对企业的声誉和信誉有极大的损害，失去信誉即失去商业伙伴，必定会影响企业的生存和发展。

　　实际上，创业过程中出现的问题远远不止这些。创业是问题和风险的同义语。创业的过程是解决一个又一个问题、摆脱一个又一个困境的过程。这不仅是对企业的考验，更是对创业者能力和素质的考验。创业者可能对创业目标、实现目标的策略胸有成竹，却对创业中可能出现的问题或遇到的困境手足无措。这就需要创业者制订一份切实可行的创业计划，创业计划的内容不能仅仅限于未来目标和实现方案，还应包括创业过程中可能出现的问题和困境及其解决方式，这样才能将创业风险降到最低。

7.2.3　凝练创业计划的执行摘要

　　摘要是计划书的精华版。摘要提纲挈领，涵盖创业计划书的要点，能让投资者对创业计划书的主要内容有一个整体的把握。摘要一般包括以下信息：

　　①企业介绍。描述企业的经营理念，说明企业的建立时间、规模、发展历史等。

②创业者及其团队介绍。列举管理团队核心成员的行业背景、相关经验和以往的主要工作业绩。

③产品和服务。描述产品或服务的功能、作用和独到之处。

④市场分析。描述产品或服务所针对的目标市场和所处的市场地位。

⑤营销策略和计划。描述企业的营销计划、销售战术和渠道选择等。

⑥财务计划。强调企业财务分析的客观性和可行性。

⑦资金需求。明确资金需求量和资金使用计划。

⑧风险分析。列举可能遇到的风险并给出应对措施。

鉴于摘要在创业计划书中的重要性，摘要一定要简明生动、精练贴切，不用面面俱到。试想一下，如果投资者在摘要中没有发现闪光点，创业计划书就有可能是一叠废纸，扮演不了帮助创业者引资成功的角色；摘要写得赏心悦目，就能吸引人继续读下去，也就会让创业者有机会成功融资。

必须注意，尽管摘要一般放在主体内容之前，但摘要一定要放到最后来写。若先写摘要则难免顾此失彼，只有反复阅读计划书的主体之后再写摘要部分，才能做到有的放矢，总揽全局。

7.2.4 把创业构想变成文字方案

某投资家说过，如果你想踏踏实实地做一份工作，那么请写一份创业计划，它能迫使你进行系统的思考。有些创意可能听起来很棒，但当你把所有的细节和数据写下来的时候，也许自己就崩溃了。也就是说，创业计划讲出来和写出来并不是一回事儿，关键要写出来，写出来能发现很多问题，然后根据问题进行调整，以完善创业计划。

（1）创业计划书的基本格式

创业计划书通常包括封面、保密要求、目录、摘要、正文和附录六个部分。

①封面（标题页）可以放一张企业的项目或产品图片，但需留出足够的版面排列以下内容：创业计划书编号、公司名称、项目名称、项目单位、地址、电话、传真、电子邮件、联系人、公司主页、日期等。

②保密要求可放在封面，也可放在次页，主要是要求投资方项目经理妥善保管，不得向第三方公开创业计划书涉及的商业秘密。

③目录标明各部分内容标题及页码，要注意确认目录页码同内容的一致性。

④摘要是对整个创业计划书的概括，目的在于用最简练的语言将计划书的核心、要

点、特色展现出来，吸引阅读者仔细读完全部文本。

⑤正文是创业计划书的主体部分，要分别从公司基本情况、经营管理团队、产品或服务、技术研究与开发、行业及市场预测、营销策略、产品制造、经营管理、融资计划、财务预测、风险控制等方面对投资者关心的问题进行介绍，要求既有丰富的数据资料，使人信服，又要突出重点，实事求是。

⑥附录是对正文涉及的相关数据、资料的补充。

（2）创业计划书的正文内容

一般来说，创业计划书应该包括经营计划概要、公司简介、组织与管理、产品与专业、市场分析、营销计划、技术与研究发展、生产运营计划、财务计划与投资报酬分析、风险评估、结论、证明资料等12个方面。

①经营计划概要

这部分主要说明资金需求的目的，并摘要说明整份计划书的重点，目的是为吸引投资者进一步评估的兴趣。主要内容如下：

1）公司名称与经营团队介绍。

2）申请融资的金额、形式、股权比例及价格。

3）资金需求的时机与运用方式。

4）未来的融资需求及时机。

5）总计划成本与预算资本额。

6）整份计划书重点摘要。

7）投资者希望获得的投资报酬。

②公司简介

1）公司成立时间、形式与创立者。

2）公司股东结构，包括股东背景资料、股权结构。

3）公司发展简史。

4）公司业务范围。

③组织与管理

1）经营管理团队人员的学历背景资料、专长与经营理念。

2）说明拥有的成功经营经验与优势的组织管理能力。

3）企业的组织结构，以及未来组织结构的可能演变。

4）人力资源发展计划，包括各功能部门人才需求计划、公司薪资结构、员工分红与认股权利、招募培训人才的计划等。

④产品与专业

1）产品环境与发展历史。

2）产品的发展阶段（包括创意、原型、量产）、开发过程，是否已申请专利。

3）产品的功能、特性、附加价值，以及具有的竞争优势。

4）公司产品与其他竞争性产品的优劣势比较。

⑤市场分析

1）明确界定产品的目标市场，包括销售对象与销售区域。

2）过去、现在以及未来的市场需求与市场成长潜力。

3）过去、现在以及未来的市场价格发展趋势。

4）说明过去、现在以及未来的公司销售量、市场成长情形、市场占有率变化情形、主要市场顾客的特征，其接受公司产品的事实依据，以及该产品对顾客的基本利益与价值。

5）说明市场上主要的竞争者，包括竞争者的市场占有率、销售量、排名，彼此的优劣势与绩效，以及因应的竞争策略（包括价格、品质或创新等）。若尚无竞争者，则分析未来可能的发展与竞争者出现的概率。

6）说明其他替代产品的情形，以及未来因新技术发明而威胁到现有产品的可能出现的后果，并提出相应对策。

⑥营销计划

1）说明现在与未来 5 年的营销策略，包括销售与促销的方式、销售网络的分布、产品定价策略，以及不同销售量水准下的定价方法。

2）说明销售计划与广告的各项成本。

⑦技术与研究发展

1）说明产品研发与生产所需的技术来源，以及技术与生产团队的专长与特质。

2）说明技术特性与应用此技术所开发出来的产品，技术研究所具有的竞争优势与利益，以及技术的发展趋势。

3）说明企业的技术发展战术，包括短、中期计划，技术部门的资源管理方式，以及持续保持优势的策略。

4）说明未来研究发展计划，包括研究方向、资金需求和预期成果。

⑧生产营运计划

1）说明建厂计划，包括厂房特点、设计，以及建设所需的时间与成本。

2）说明制造流程与生产方法。

3）说明物料需求结构，原料、零组件来源和成本管理。

4）说明品质管理方法，包括优良品率的假设。

5）说明委托外制与外包管理情形。

6）制造设备的需求，包括设备厂商与规格功能要求。

7）产品各项固定成本与变动成本的说明，以及详细生产成本的预估。

8）生产计划，包括自制率、开工率、人力需求等。

⑨财务计划与投资报酬分析

1）公司过去的财务状况，包括过去5年期间的资产负债表、损益表的比较，以及过去的融资来源与用途。提供财务分析统计图表，指出统计图表的异常处，同时也应说明所使用的会计方法。

2）提供融资后5～7年的财务预估。编列的原则是第一年的财务预估须按月编制，第二年则按季编制，最后三年则按年编制。并且应说明每一项财务预估的基本假设与会计方法。

3）上述财务预估应包含资产负债表、损益表、现金流量表、销货收入和销货成本预估表（产品销售数量、价格与总成本、收入金额）。

4）提供未来5年损益平衡分析（或敏感性分析）和投资报酬率预估。

5）说明未来的融资计划，包括融资时机、金额与用途。

6）说明投资者回收资金的可能方式、时机，以及获利情形。

⑩风险评估

对于企业运营中的风险进行评估，并提出可行性对策。关键是列出可能的风险、主要的风险，并做出创业的结论。

⑪结论

综合前面的分析与计划，说明企业整体竞争优势，并指出整个经营计划的盈利模式。尤其强调投资方案可预期的远大市场前景，以及对于投资者可能产出的显著回报。

⑫证明资料

1）能够证明前述各项计划的资料。

2）详细的制造流程与技术方面资料。

3）其他各种参考佐证资料。

7.2.5　创业计划书的撰写原则和注意事项

创业计划书的读者是投资者、团队成员及合作方等。因此，一份好的创业计划书必须真实呈现企业的实际情况、核心竞争力和创业团队情况，能让以上对象对企业的产品与服务有明确的认识。创业者所提供的信息必须包括与项目有关的所有技术参数、经营能力与风险情况，如此才能充分体现创业者的信心和能力，从而提高企业融资成功的概率。

（1）撰写原则

①重视市场原则

创业活动的成败与市场关系密切，在编写创业计划书的时候，创业者不能闭门造车、靠空想制订计划，一定要进行市场调查，在计划书中体现出创业者对市场的现状和发展趋势的把握。这样的计划书才是有基础和根据的创业计划书。

②突出优势原则

编写创业计划书的重要目的之一是为投资人或贷款人提供决策依据，借以融资。因此，创业计划书一定要展现具体的竞争优势，显示经营者创造利润的强烈愿望，并明确指出投资者预期的报酬；同时也应该说明可能遇到的风险或威胁，不能只强调优势和机遇而忽略不足和风险。

③客观真实原则

创业计划书对市场潜力、预期收入的估计要客观、真实，不能低估成本、高估收益，盲目乐观往往会招致失败。在创业计划书中，创业者要尽量使用参考数据或文献资料来辅助说明。

④可操作性原则

创业计划是行动的指南，它必须具有可操作性。特别是其中的营销计划、组织结构、管理措施、应对风险的方法和策略等，必须具有可行性和可操作性。同时，还要注意先后有序。创业者必须清楚哪些该做、哪些不该做、哪些先做、哪些后做。

⑤前后一致原则

创业计划书要简洁明了，系统完整，应该包括创业经营的各项策略要领，尽量提供各项资讯以及佐证材料，并做到预估与论证相互呼应、前后一致，逻辑性强。

（2）注意事项

①慎用模板，避免生搬硬套

网络上有很多创业计划书模板，还有许多软件可以帮助我们撰写创业计划书。但是每一个项目都有自己的独特性，把模板上的名称、图表和数据直接替换的做法是不可取的，这样会失去创业项目本身的特色和创新点。因此，对于模板和软件要选择性地应用。对于内容相对固定的企业组织结构设计、财务报表格式等可以借鉴应用；而对于体现创业项目差异性的部分，如产品或服务描述、竞争分析、营销计划、商业模式等部分，一定要由创业者自己撰写，以突出项目的特点和优势。

②表达精准，突出重点

在撰写创业计划书时，尽可能使用通俗易懂的语言，简明扼要地叙述问题，尽量少用专业术语。有些创业计划书的内容很多，很多投资者很难从头到尾地阅读一遍，因而要求合理安排创业计划书的结构，内容前后衔接得当，结构安排合理，突出项目重点，以方便阅读。

③版式清晰，简洁大方

创业者必须认真设计创业计划书的版式，使它看上去鲜明醒目。要避免纠缠于文字处理程序的设计功能，如黑体字、斜体字、不同的字号和颜色等。避免过分的装饰，因为过分的装饰会使创业计划书显得花哨而不实用。

创业计划书的写作有一定的原则可依，有一定的技巧可讲，但并不意味着所有的创业计划书千篇一律。项目不同，用途不同，创业计划书的内容和结构也不同。有的创业计划书仅供内部参考，有的为了寻找合作伙伴，有的为了吸引风投，有的为了向投资人汇报。总之，创业计划书是个性的体现，并没有通用的模板。

尽管如此，成功的创业计划书还是有一些共同的特征，即客观真实，有效可行，创新性强，讲求逻辑。

▶ 重要概念

创业计划；创业计划书；创业构想；目标市场分析；行业分析；竞争对手分析。

▶ 思考题

1. 创业计划对创业有什么作用？

2. 结合你的专业，谈谈你打算如何实现创业。

3. 根据创业计划书的特点，思考如何才能做好一份完整的创业计划书。

4. 创业计划书通常包括哪几部分？

5. 创业过程通常会遇到哪些问题和困难？

6. 创业计划书的撰写与要求有哪些？

第8章 创新创业的成本收益

学习目标

了解创新创业的成本；

了解创新创业的收益；

掌握成本和收益的平衡艺术。

▶ **引例**

雷军：互联网公司必胜七字诀

2014年3月30日，小米科技董事长兼首席执行官雷军在2014中国（深圳）IT领袖峰会上表示，互联网行业是赢家通吃的行业。俗话说"狭路相逢勇者胜"，这个行业竞争异常激烈，因此价格战一直没有消歇。某些互联网公司不打价格战是因为一开始就是免费的。面对市场变化，互联网公司必须做到足够快，及时对用户需求做出反馈。他表示，互联网在所有领域里面是竞争最残酷的，要想在这样的竞争环境中生存壮大，就要把自己做到极致。传统企业打价格战，而互联网企业从不打价格战，是因为后者一出现就是免费的。小米也是从不打价格战的公司，因为一开始就直接卖成本价。

下面是雷军在IT领袖峰会上的演讲（节选）：

小米是一个非常非常新的公司，四年前创办，十来个人，七八条枪，一起跟着小米闹革命。小米选择做手机，手机市场的确是一个红海市场，苹果、三星赚了110%的利润，其他企业亏了10%。但我们的运气非常非常好，我们的产品2011年年底进入市场，第一年做到126亿，去年316亿，同比增长150%。一季度马上结束了，一季度和去年相比，同比增长150%。如果每季度都能增长150%的话，今年有机会做到800

亿，我觉得 700 亿是比较有把握的。假如增速不变，明年过千亿应该看得见。去年卖了 1870 万台，今年最少 4000 万台，一季度已经出货 1100 万台，我预计今年 4000 万台仅仅是及格水平，还是很有机会做到五六千万，明年目标在 1 亿台左右。

小米进入市场不久后就拥有了非常强的影响力。第一个原因，小米的模式是"铁人三项"——用最好的材料，做最好的手机硬件，利用互联网在安卓基础上做了我们的系统，每周更新。小米从设计、研发、供应链管理到市场、渠道、销售、服务全部一体化，同时运用电商模式构建了一个移动互联网平台。

第二个很重要的原因就是我们用互联网思维来做手机。互联网公司非常讲求用户口碑。我们认为没有哪种推广形式比用户口碑更重要。小米在刚刚成立的一年半里，极其低调，不做任何广告，也没有任何 PR，甚至没有人知道我们在做什么。我们 2010 年做系统的时候，第一个版本发出来，只有 100 个人用，第二个星期有 200 个人用，第三个星期有 400 个人用，不到一年时间，全球就有 30 万人用。我说不做广告才能真的测试清楚自己的产品有没有足够的口碑。口碑的传播是超预期的。

除此之外，我们还强调极致。要么你不做，要么你就做到极致。为什么这样想？因为在互联网上，从 A 公司到 B 公司只需要点一下鼠标，就是这么简单，所以互联网竞争是赢家通吃的。互联网在所有领域里面竞争是最残酷的，因此必须把自己做到极致。

还有一个词叫快。你提一个意见被小米采纳，新程序发布出来只需要一个星期，这在传统手机企业是没有办法想象的。诺基亚时代，他们的手机三五年才更新一次系统，苹果手机每年发布一次新系统，Google 每个季度发布一次，小米是每个星期更新一次，我们就是这个效率。

这就是我们强调的方法论，专注、极致、口碑、快——互联网公司必胜七字诀。

雷军谈小米的创新创业经验时提到"我们不计成本地做最好的产品"，通过模式的创新来改变传统手机的成本结构，以达到最高的性价比。除了成本结构的改变，小米手机是按成本定价，一步到位。使用这种定价方式，前期可能亏钱，但后期是可以赚钱的，当然只是薄利。你如何看待小米的定价模式？这种定价模式的优势在哪里？互联网环境下创新创业的成本收益应该如何平衡？

8.1　创新创业的成本

世界上最伟大的突破往往是由那些具有独特视角、渊博知识和超强执行力的人所创造的。他们可以看到新创意的潜在价值，也能理解生产和分配的经济效益、消费者的真正需求、外部的时机或障碍、自身的优势和劣势。很多人都知道创新创业的重要性，也都试图创新创业，但从事创业的人更应知道创新创业是与风险紧密联系在一起的。虽然很多人在谈论创新创业的重要性和收益，但大多数人和企业仍然对大胆的创意、有风险的投资和未知的承诺持保留或观望态度。创新创业是有成本的，这些成本为创新创业活动带来了一定的阻碍。

8.1.1 高失败率的成本

（1）失败率高

创新创业是在高度不确定性状态下的试错性行动，失败不可避免。这些不确定性包括情境的不确定性、创新创业活动的新颖性、机会窗口的短暂性，以及创新创业者面对的时间压力和信息超载。它们均增加了创新创业者犯错和失败的可能性。

要获得创业失败率的精确数据需要花费很大成本，一方面，失败不容易被定义和识别，另一方面，创业者往往不愿意承认失败，甚至会回避其创业失败的经历，因此很难得到可靠的统计数据。虽然不同行业的失败率有着很大差异，但大量研究表明：新企业的失败率很高，大多数企业倒闭发生在其创建后的 2～5 年。虽然政府的数据、研究与统计学家得出的新企业失败和存活的确切数字不太一致，但他们确实都认为新建企业存在很高的失败风险。

（2）退出成本高

《破产法》的目的是解决失败企业利益相关者之间的冲突，更直观来说是制定有关游戏如何终止的规则。按照实物期权的逻辑来看待破产法，破产法应该降低新企业退出的事后成本，鼓励更多新企业进入来承担风险、创造价值。从某种程度上来说，只有降低创业者的退出门槛才能鼓励更多创业者尝试、承担可控的风险，从而提升经济效益和发展活力。我国的《破产法》于 1986 年试行，2006 年修订，2007 年颁布实施，新的破产法有了很大进步，但仍存在一些问题。首先，没有将自然人破产纳入法律框架，缺少对非法人企业、个人独资企业破产等方面的规定，没有解决创业者个体及其家庭最后退出市场的法律问题，不利于个体创新创业活动的发展。其次，破产法的基本原则是保护债权人的利益，而忽视对创业者利益的保护。破产法在保护债权人的利益，使其得到合法、公平清偿的同时，也要兼顾债务人的利益，给其重新开始的机会，让债务人通过合法途径快速、低成本地退出失败企业。在大众创业、万众创新的环境下，制定政策鼓励创新创业，增加创新创业者进入的同时，也要为创新创业者清理好退路。

当创新创业活动没有达到预期或者企业绩效已经无法维持基本生存时，最好的办法就是及时关闭它。虽然关闭企业很痛苦，但如果不关闭它，只会损失更多。及时关闭企业，也要正视创业失败带来的成本，理性面对并能够吸收和消化失败带来的各种成本。有学者将创业失败可能带来的成本进行了分类总结，如下表所示。

创业失败成本的分类

成本类型	描　述
经济成本	个人投资损失、收入损失、个人债务
情绪成本	情绪支出、心理压力、沮丧、悲痛、焦虑、绝望
生理成本	精力透支、生病、作息紊乱、失眠
社会成本	对投资者、雇员、债权人等的责任亏欠
专家成本	专家同行对其专业能力的质疑
创业成本	创业自我效能降低、风险承担倾向降低

（3）从"小失败"中获得"大经验"

哈佛商学院领导与管理学教授艾米·埃德蒙森（Amy Edmondson）根据失败原因把失败分为三大类：常规生产型、复杂运营型以及创新型。第一种失败可预防，这种类型的失败大多数是不良的，失败原因可能是行为异常、疏忽或个人能力不足；第二种失败可管理，这种失败是在复杂系统中不可避免的，大多是事情本身的不确定性所致；第三种是创新型失败或智能失败，这种失败能够提供有价值的新知识，具有创新性和学习价值，能够帮助企业在竞争中领先，使其在未来飞速发展。对于创业者而言，应该尽量减少第一种失败，及时识别和管理第二种失败，鼓励勇于承担第三种失败，从"小失败"中获得"大经验"，以最小成本去试错和失败，以获得最大化的反馈和学习成果。从某种意义上说，第三种是一种主动性试错，通过主动地试错实验而不是被动地失败反思，及时发现创新创业过程中潜在的问题、发现客户的真实需求。例如，腾讯在发布新产品时就采取"灰度发布"策略，即新产品开发出来之后，公司先对 10% 的客户群体进行发布，这些客户群体会反馈意见。针对产品的问题、不足，腾讯会对产品进一步完善，在此基础上将产品的发布范围扩展到 30%，进而扩展到 70% 甚至 100%。可以看出这种产品发布方式实际上是将一个整体的产品风险进行了分割，通过规避每一个小范围的风险降低大的失败发生的概率。

8.1.2　创新创业面临的风险

几乎每一个创新创业者都承认,创新创业非常艰难,要开创一番属于自己的事业,并非易事,创新创业者需要付出大量的时间和精力获取并整合有效的创业资源,还要承受巨大的风险和压力。资源的获取与整合贯穿于整个创业过程,创业者要有效识别各种创业资源,并且积极借助创业者和新创企业内外部的力量对资源进行组织和整合,以更好地创造价值。但是在不确定情境下获取资源,具有很大的风险,创新创业者需要为此承担一些资源获取活动的成本。概括起来,创新创业者需要承担的成本包括市场风险、经济成本和社会资源损耗等三方面。

（1）市场风险

风险就是人们期望产生的结果可能向相反方向偏离的一种状态。对于一个企业来说,风险就是造成其资产和盈利潜力发生损失的可能性。企业风险可以分为两大类:市场风险和纯风险。市场风险是指与投资决策相关的不确定性。纯风险是指当只存在发生损失和不发生损失两种可能的情况时是否发生损失的不确定性,例如火灾或者恶劣天气所造成的财产损失的可能性。全球化市场、不可预测的竞争者动向、快速的技术变化和信息快速迭代,使创新创业活动面临的不确定性增加。许多创新的失败都是错误的市场评估和理解导致的,尤其是在快速变化的非连续性环境中。所以,创新创业者需要根据收集到的市场数据和信息及时采取行动,而且必须对数据和信息有更为深刻的见解,仅仅知道顾客表达的意思是无法满足企业的需求的。

（2）经济风险

在大多数新兴企业中,创业者或投入大部分的个人存款或其他资产,或向家庭其他成员、亲戚和朋友借钱。这在某种程度上就将个人财富与新企业价值绑定在一起,一旦企业失败了,这些钱或资产就极有可能全部损失。不仅如此,失败的创业者还可能要承担远远超过其个人净资产的连带责任。

（3）社会资源损耗

创建一家企业需要创业者投入大量的精力和时间,这就会使他们周围的人受到影响。如果创业者已结婚,甚至有孩子,他们的家人所面临的状况就是难以享受一个正常的家庭。另外,因为不能经常参加聚会,老朋友会渐渐地变得生疏。创业者要对投资者、雇员、债权人、顾客等利益相关者负责任,一旦创业失败,则会损害创业者的网络关系,影响创业者对再创业资源的获取,甚至导致同行和专家对其专业能力产生怀疑。

一定程度上来说，风险的大小与价值大小成正比，价值越大风险越高，因此创新创业者必须敢于承担风险。对于他们来说，接受失败，从中学习，再次崛起才是最可贵的。请看下面这位创业者的传奇一生。他出身贫穷，年幼丧父，继父刻薄；12 岁辍学做工，后来去当兵，退伍后做了一名治安员；40 岁时，开了一家加油站和一家餐馆，第二次世界大战时，餐馆被封，加油站被关闭；56 岁时，靠救济金度日，后来二次创业，靠一个高压锅起家，被拒绝 1009 次，终于成功。他就是山德士上校（Harland David Sanders），肯德基品牌的创始人。

8.1.3　心理压力成本

如果一个人不能完成他的角色要求，压力就产生了。工作的要求和期望超出创新创业者的能力越多，创新创业者的压力也就越大。创办和管理一家企业需要承担相当大的风险，创业者还要不断与人交流，与顾客、供应商、监管者、律师和会计师打交道，这些都会带来压力。如果人力资源不足，创业者就不得不同时扮演多个角色，如推销员、招聘者、发言人和谈判者。创办和运作一家企业需要投入大量的时间和精力，常常还要以家庭和社会活动为代价，创业者通常是一个人或者是和很少的员工一起工作，因此很难得到像大公司同事那样的支持。

另外，创业者对新企业不仅要投入大量时间、精力和资金，还会投入很深的感情。很多创业者将新企业作为事业经营，甚至将其当成自己的孩子一样看待，将经营新企业看作实现梦想和证明自身能力的一种途径或工具。创业者经营新企业的时间越长，投入的感情就越多，新企业对创业者来说就越重要。一旦失败，就会给创业者带来悲痛、伤心、自责、内疚、愤怒、焦虑等诸多负面情绪，使其产生无助感，并对自我价值和能力产生怀疑。

关于压力的来源，波伊德（Boyd）和古姆帕特（Gumpert）概括了 4 个原因：

（1）孤独

创业者虽然经常被各种人包围着，如员工、顾客、会计和律师等，但是他们却缺少可以倾诉的人。长时间的工作使他们难以从朋友和家人那里得到安慰和建议。而且，他们不太愿意参加社会活动，除非他们认为这对公司发展有益。

（2）沉迷于工作

对创业具有讽刺意味的是当创业者挣足了钱可以享受生活时，他们却发现自己并没有时间外出旅游或度假。许多创业者可以说是"嫁给"了企业。他们长时间地工作，几乎没有时间参加公益活动、娱乐活动或学习深造。

（3）人际关系问题。创业者的工作依赖于合作者、员工、客户、银行家和专家。但在与这些人交往的过程中，他们常常感到失望甚至恼怒。成功的创业者在一定程度上是完美主义者，对工作有自己的要求。有时他们要花大量的时间督促偷懒的员工以达到他们的要求，甚至由于一些不可调和的矛盾大家还会不欢而散。

（4）短暂的成就无法带来满足感。波伊德和古姆帕特在研究中发现，对成就的需要通常会导致想得到的越多就越不能得到满足。通常创业者希望得到的会比较多，有些人不论工作做得再好也还是不满意。他们也许能意识到无法控制的欲望会带来危险（如健康问题），但他们无法改变这种对成功的渴望。他们似乎认为一旦停下来或有所松懈，竞争对手就会伺机而动，而之前的苦心经营或许就会功亏一篑。

创新创业是一种不确定性极高的风险性行为。越是在传统的社会中，创业的突破性就越大，创新性也越强。这就要求创业者必须具有较强甚至极强的心理承受能力，能承受各种环境压力。优秀的创新创业者应该对此要付出的成本和代价有清醒的认知，方能稳健地掌握与坚持自己的事业。

案例推送

创业恐惧

作为 IBM 第一任总裁老沃森的长子，当小沃森意识到父亲最终要让他领导当时已经很成功的 IBM 公司时，他居然哭了出来，对母亲说："我可干不了这个。"即使是他已经从父亲手里接过公司掌门人大印好几年，小沃森还是心怀当时的恐惧。

企业家面对的恐惧有其独特性，只要他一直是企业家，恐惧就不会消失。这种恐惧不能预期，不能逃避，也不能预防。因为大多数企业家不承认他们经历过这种恐惧，所以它仍然是一个不为人知的谜题。

根据威尔逊·哈勒尔（Wilson Harrell）——一位来自美国佛罗里达州的企业家的说法，这种创业恐惧与一般的恐惧不一样。他解释说，这种恐惧通常是偶然的，不能预期的，存在的时间很短，几乎就像被汽车撞倒时所产生的那种感觉。

是什么造成了这种恐惧？应该不是金钱，因为任何企业家都会说金钱只是付出的一种回报，失去金钱只不过是风险的一种。害怕失败在很大程度上是这种恐惧的主要来源。企业家不想自己仅仅是一个生意人，不想还没有做出成就就被世人遗忘。是什么原因造成了这种复杂的恐惧，还有待进一步研究。

那么创业成功的关键因素是什么？根据威尔逊·哈勒尔的说法，是驾驭恐惧的能力。因为他相信是那些孤独的、内心时常泛起恐惧的企业家将生气和激情带给了这个世界，否则，这个世界会单调、平凡很多。

8.2 创新创业的收益

当创业者梦想着成为下一个比尔·盖茨时，请同时仔细思考以下几点：

（1）大体说来，创业者的收入与打工者并无显著差别。

（2）话虽如此，财富分配呈绝对的偏态，少数超级企业大亨（如比尔·盖茨）创造了巨大的利润，而其他创业者所得的利润都处于平均水平以下。

（3）对那些收入低于平均水平的创业者来说，他们所赚的钱甚至比为别人打工的雇员还少约 1/3。如果说，那些创业者赚的钱还不及打工者的收入高，那为何他们还要选择几乎将全部身家投入风险很高的创业活动，而不是选择在风险较低、报酬稳定丰厚的股市进行投资呢？关于这一问题最可能令人信服的答案就是，对于他们而言，有些东西（做自己的老板，做些对自己有意义的事，或者仅仅是尝试解决困扰自己的问题）比金钱更为重要。

8.2.1 创新创业的社会价值

为何要进行创新创业活动？很多创新创业者认为，从创新创业经历中可以获得满足感，他们会感觉工作更有趣、更有意义，这种乐趣可能部分源于其自主性，而部分则源于提供创新产品和服务的工作会给其带来一种尊严或满足感。当然还有一些创新创业者本身就有一颗不安分的心，他们不满足于现状，不断寻找新的机会试图突破和提升自我，创造改变世界的新资源组合方式。

就高校学生来说，大学生创业的社会价值体现在以下四个方面。

（1）大学生创新创业教育是我国高等教育和人才培养的改革方向

高校不仅要培养就业型人才，还要培养创新创业型人才。高等教育不能局限于就业教育和择业教育，要全面推进创新创业教育。从长远看，创业教育的全面推进，有利于增加社会上创业队伍的数量和提高其整体素质，可以改变大学生传统的就业观念，增加大学生创业的信心，帮助大学生学习更多的创办企业的相关知识，提高大学生创业的成功率。大学生创新创业对解决社会就业、科技转化等问题具有重要意义，必将为我国经济结构的战略性调整和可持续发展注入不竭的动力。

（2）大学生创新创业是国家综合国力和科技竞争力提升的重要推动力

创新是时代进步、经济发展的灵魂，是国家兴旺发达的不竭动力。创业是实现知识和技术向高新产业和新兴产业转化的有效途径。大学生是最具创造力和创新能力的群体，是朝气蓬勃、奋发向上的青年代表。他们具备新知识、新理念，掌握新技术，是国家经济建设的生力军。鼓励更多的大学生参与创新创业，是推动我国经济高质量增长、提升国家综合竞争力的有效途径。

（3）大学生创新创业是适应当前大学生就业新形势的需要

大学生自主创业是知识与资本的充分融合，是对大学生传统就业方式的最新补充，是缓解当前就业压力的重要途径之一，是新形势下大学生就业的发展方向。

（4）大学生创新创业是新时代中国特色社会主义经济建设的重要内容

党的十九大报告提出，要"加快建设创新型国家"，明确"创新是引领发展的第一动力，是建设现代化经济体系的战略支撑"。国家鼓励以创业带动就业，支持高校毕业生等青年群体多渠道就业创业。在此背景下，大学生创新创业必然成为市场经济条件下推动经济发展的重要力量。

─ 案例推送 ───•

马云创业语录：要有梦想且要真实

马云说，每个人创业的目的都不同，他创业的目的就是为了让自己的生活有所改变。"当年我的领导对我说：'马云，好好儿干。再过一年你就有煤气瓶可以发了，再过两三年你就可能有房子了，再过五年你就能评副教授了。'于是我在他身上看见了我以后的样子——每天骑着自行车，去拿牛奶，买菜。我当然不是说这种生活不好，只是希望换一种方式。当在创业的路上越走越远的时候，我发现自己的梦想越来越大，也越来越现实。每个人都有梦想，梦想未必要很大，但一定要真实。"

"很多创业者或者做企业的人，上来就把自己放在一个很高的高度，张嘴就谈什么文化啊、民族啊，说自己不是为了赚钱而创业。其实大家别把钱看得太轻，如果没有钱你创什么业，创业不为了赚钱你干什么？"马云认为，创业者要实事求是，要摆正创业的目的和钱的位置。他认为创业不是为了赚钱，而是创业的结果让创业者得到了很多钱。钱是资源，赚钱不仅是为了自己可以生活得更好，还可以帮助更多的客户，服务他人。

马云在提到阿里巴巴创立之初的情形时说，阿里巴巴刚创立的前3年，一分钱都没赚，员工也很沮丧，他们甚至觉得阿里巴巴已经不像公司的样子。"当时互联网还没被更多的人接受，电子商务更是很遥远，阿里巴巴这个名字很古怪，我这个人看上去也比较让人没有信任感，"马云略带自嘲地说，"但有一样东西让我们坚持和乐观。我们收到了很多小企业客户的感谢信，写着：'阿里巴巴，因为你们，我们拿到了订单，招到了新的员工，扩大了公司规模。'这让我觉得，假如今天我能帮10家小企业，将来就能帮100家，未来还有10万家在等着，这个市场一定存在。"

要建立一个了不起的公司需要把握的最基本也是最难把握的原则之一就是：财富和资产变现能力是建立一个成功企业的结果，而不是原因。大部分成功的创业者对这一区别了如指掌。他们能从企业的成长中不断获得动力，因为他们清楚地知道，如果集中精力发展企业赢利能力强的部分，报酬自然会多。沃尔特·迪斯尼（Walt Disney）的话或许一语中的："我不是为了赚钱而拍电影，我是为了拍电影而赚钱。"

成功的创业者常常会有这样一种观点：正是创业过程中的挑战和喜悦给了他们最大的前进动力。对创业者来说，创业带给他们的激动与振奋才是最重要的。这些创业者还谈到，企业不仅对金钱，甚至对时间、关注和精力也具有永不满足的需求，有人称其为一种嗜好，大多数人认为创业过程要求之高、难度之大远远超过了他们当初的想象。然而，大多数创业者并不打算因此退出，如果有可能，他们愿意尽快从头再来。他们认为，创业比他们过去经历的任何职业都更有趣、更能令人满足。对大多数的创业者来说，往往需要10年、15年乃至更长的时间才能创造一笔可观的财富。

8.2.2 创新创业的意义

彼得·德鲁克说过："无论出于何种个人动机追求金钱、权利还是猎奇，或是追求名誉、希望得到他人认同的企业家，都会试图去创造价值，做出贡献。"创新创业活动在经济发展、创造价值和就业等方面具有重要作用。日本创业者商学院校长大前研一说过，"用创业打破旧的秩序"。有充分的证据表明，创业对经济稳定与增强经济实力有重大影响。创业精神和创业过程是美国经济发展的"秘密武器"。创业比美国社会和经济的所有其他现象更称得上是商机的均衡器和调节器。没有哪个组织过程可以像创业过程那样提供自给自足、独立自主和改善经济的机会。美国很多百万富翁基本上是白手起家的企业家。在《福布斯》杂志发布的 1996 年的富豪名单中，有 86％是白手起家的。

创业企业最大的贡献是创造价值和创新地创造就业机会。创新创业能给社会带来巨大影响，新产品和服务可以使我们的生活更舒适，使我们更有效率地工作，可以改善我们的健康状况，帮助我们更好地交流，以及给我们提供新的娱乐方式。创业企业除了对经济和社会有影响外，对大企业的发展也有积极影响。许多创业企业围绕生产产品和服务构建完整的商业模式，而其产品和服务则有助于大企业变得更有效率获得更大的效益。创业的最大特征是创新和创造价值，创业是新理论、新技术、新知识、新制度的孵化器，也是新理论、新技术、新知识、新制度形成现实生产力的转化器。正是这些企业以各种各样的方式产生了重要的影响和附加价值，也正是这些企业在技术创新、增加就业机会、投资回报和经济活力等方面给社会做出了突出贡献。

案例推送 ────●

为消天贫困而战的社会创业者——尤努斯

1974 年，孟加拉国陷入空前的饥荒之中，大量饥民涌入城市企图获得食物。穆罕默德·尤努斯当时在吉大港大学任教并担任经济系主任，衣食无忧。当他看到饥饿的灾民时心如刀绞，并因为自己的无能为力而感到从未有过的痛苦。从那以后，这位经济学教授执意要找到解决贫困的办法并做出各种尝试，甚至亲自去村庄里试验高产种植方法。

村子里一个忙碌的女人吸引了他的目光。她正在全神贯注地飞快编织一些竹条。经过了解，尤努斯吃惊地得知，这个叫苏菲亚的妇女连买竹条的 5 塔卡（相当于 22 美分）都得靠借高利贷解决。而她为此付出的代价是，把所编的凳子廉价卖给放债人。她每天辛苦劳作的收入只有一两美分，根本无法养活自己和孩子们。

尤努斯很震惊，此前他从来没有听说过一个人会因缺少22美分而受穷。如果苏菲亚有22美分，她就可以摆脱高利贷的盘剥，按市价卖出产品，从而改变她的生活。他用一周的时间搜罗了一些像苏菲亚这样依赖放贷的人名单，令他再一次吃惊的是：列着42人的清单上写着，借款总额为856塔卡，不到27美元。他把27美元按名单给了这里的42个人，并称还款期限是"在他们还得起的时候，在他们卖自己的产品最有利的时候，什么时候都行"。

后来，尤努斯教授以自己的名义从银行借出钱，组织自己的学生把钱借给吉大港近郊以及孟加拉国的东、西、南、北、中五个地区农村的穷人。结果，这些穷人用这些为数不多的借款，精打细算，精心经营，普遍增加了收入，而且按要求还了借款，并能够归还高于商业银行的利息。于是，一套专门针对穷人贷款的方法和创办"乡村银行"的设想产生了。尤努斯教授经过多方奔走游说和八年的艰苦努力，到1983年，他创办的专为穷人贷款的"乡村银行"——格莱珉银行，终于得到政府批准。

尤努斯所创建的孟加拉国格莱珉银行模式，创造了资金回收率100%的奇迹，是国际上公认的、最成功的信贷扶贫模式之一。它以扶贫面广、扶贫效果显著，且按市场机制运作，持续发展，显示出极强的生命力。为消灭贫困而战的社会创业者尤努斯，也因此获得2006年的诺贝尔和平奖，并被称为"穷人的银行家"。

大多数非常成功的创业者似乎都愿意担负起更新和维持社会体系的责任，正是这些体系让他们受益匪浅。加拿大不列颠哥伦比亚大学尚德商学院院长、创业学教授莫佐克非常强调社会责任对创业者的重要性：没有人能脱离社会、脱离社区而取得成功。但不幸的是，现在有相当数量的年轻企业家，他们认为自己的责任只是使股东权益最大化，除此之外别无其他。但这真是大错特错了。承担社会责任不是一家企业做出的选择，这不是什么可做可不做的事情，而是任何一家公司都必须负起的责任。只有担当起社会责任，才能和世界一起前进、发展。投资新公司有收获之后的创业者们同样会把他们的精力和资源再投向下一代创业者及新的商机。成功的企业家之所以会这么做，是因为他们深知，使创业机制得以持久这一任务是如此关键、如此艰巨，而能够完成的人非他们莫属，因为他们是尝尽了个中滋味的过来人。

案例推送 ━━━●

考夫曼基金的核心原则

20世纪最具创业传奇色彩的人物之一是已故的尤因·马里恩·考夫曼，他创建了马里恩实验室，这是一家销售额为306亿美元的公司。考夫曼于1950年以5000美元在他堪萨斯州家里的地下室开办了一家制药公司，现在是世界顶尖公司之一。公司在1989年被梅里尔·道（现在叫马里恩·梅里尔·道公司）收购后，300多人成了百万富翁。13家基金由先前的马里恩关联公司创建，考夫曼基金是全美资产超过10亿美元、为数不多的10多家基金之一。该基金的三条核心原则也是马里恩实验室和现在的考夫曼基金的价值、理念和文化的基石：待人如待己，和所有那些在各个层面上为财富创造做出贡献的人共同分享财富，回报社会。

考夫曼亲身感受到教育和创业给他本人、他的家庭、他的合作伙伴以及所在的社区所带来的价值。因此他坚信必须以提升创业精神和教育机会作为改善人们生活质量的重要方式。教育和创业也因此成为考夫曼基金会20多年来的两大核心关注点。

8.3 创新创业的成本——收益平衡

创新创业是一种思考、推理和行动的方法，它不仅受机会的制约，还要求创新创业者有完整缜密的实施方法和讲求高度平衡技巧的领导艺术。创业者承担的风险，既有个人风险，也有公司风险，但所有风险都必须是经过计算的，创业者只有不断平衡风险和潜在的回报，才能获得更大的胜算。通常，创业者会通过精心设计的计划来合理安排自己有限的资源。创业不仅为创业者本身，也为所有的参与者和利益相关者创造、提高和实现价值，或使价值再生。

8.3.1 成本收益平衡导向高成长潜力战略定位

在"大众创业、万众创新"的时代背景下，创业日益大众化，创业门槛也逐步降低，创业活动活跃，但创业失败率偏高、有创新潜力的创业活动比例偏低仍然是我国创业活动的突出问题。高失败率和低创新潜力导致我国创业活动的价值创造与社会资源严重浪费。创建具有高成长潜力、高创新潜力的企业不仅能够给创业者及其利益相关者带来财富，而且能够推动社会进步，有助于社会资源合理配置。

怎样定义创新创业？如何去创新创业？每一位创新创业者可能都有自己的答案。从最广泛的意义来看，创业是在社会建构中创造新价值的行为，是一个社会创造的过程。说得更通俗一点创业就是讲故事。创业者通过叙事性的想象，把风险投资者（Venture Capital，简称 VC）、媒体、用户带入故事，找出痛点，提出解决方案，创造新的价值理念，探索未来，为被带入故事的人们带来新的体验，使其成为故事的信服者和跟随者。如 Uber 的创始人给我们讲了一个很好的故事：要出行打车就可以，说服大家跟从。因为故事讲得很好，VC 和用户都爱听，所以吸引了几个亿的现金投进来，创造出实实在在的体验和价值。这就是一个社会建构的模式，创业就是社会建构中重新创造价值的过程。社会创造是客体对主体价值的重新定义，从这个角度来看，创业者的社会建构能够被社会接受，且能够持续创造价值，一定要目光长远，思路开阔，且能够脚踏实地、策略性地去实现。比如马云刚开始建立阿里巴巴兜售自己的理念时，很多人觉得他的想法不靠谱，他在说一个不存在的事情，但经过不懈的坚持和努力，他的社会建构逐渐被越来越多的人认可。

与这些传统的小企业主相比，着眼于发展与积累财富的创业者的思路更大气。美国风险资本协会的第一位女主席帕特里夏·克洛赫蒂（Patricia Cloherty）认为思路大气是至关重要的。她说："如果你要创建一家公司，就要准备好为此而奔波一生，所以你就应该想着建立一个大公司，这样至少你虽然辛苦但可以富有，而不单单只有辛苦。"有史以来最成功的风险投资家阿瑟·洛克（Authur Rock）搜寻商机的准则很简单，即能够改变人们生活和工作的创业思路。他的每一个投资项目都是传奇，包括英特尔公司、苹果电脑公司和其他几十个项目。

新创企业要有一个价值独特的战略定位，这是创立高潜力企业的起点。选择和确定好的创业方向和创业项目，是创业者迈出的至关重要的一步，直接关系到创业的成败。创业者缺少的往往不是勇气和激情，而是正确选择创业方向的眼光以及为企业准确定位的思路。对于大多数创业者来说，初始资金都是有限的，选择把资金投入哪个项目、哪种商品才能够取得收益就要看他们对行业的判断，也就是他们的眼光和思路。要创立高成长潜力企业，那么创新是必须的；超前则意味着自己要去培育市场，以有限的资源去承担一些市场风险。创业者需要选择一条平衡创新与风险的准线，平衡收益和成本的基准，以创业者独特的眼光和大气的思路去衡量技术、市场、成本、盈利等一切要素，然后作出选择。

怀有远大抱负的创业者所犯的最大错误一般是战略性的：思考问题过于保守。从某些事实来看，做一个小而简单的企业也许是明智的，因为这种企业的投入相对容易承受，而且比较容易管理，要求不那么苛刻，风险也较低。如果是大企业，情况可能就要反过来了。但是，规模小、替代性高的企业，生存和成功的机会都要小一些，即使生存下来了，从赢利能力上讲，也是很低的。正如一位创办了多家企业的创始人所说：除非这个行当可以给你带来至少 5 倍于现在的薪水，否则你所冒的风险和付出的辛劳、泪水就是不值得的。

8.3.2 成本收益协调艺术：管理悖论的动态整合

创业最使人困惑的一面就是它自身存在矛盾。由于创业过程具有高度动态、流动、模糊和混沌的特征，所以它不断地变化，常常会出现一些似是而非的情况。悖论一：为了赚钱，首先得赔钱。新创建的、有风险资本支持的公司一般在持续获利和上市前都会经历一段亏损期，而赢利和上市通常要等 5 年以上。悖论二：为了创造财富，要先放弃财富。在美国最成功的成长型公司中，创始人总是敢于大胆地稀释自己的股权，以使整个公司雇员都享有对公司的所有权。通过对公司有突出贡献的人实施奖励，并与之分享利润，激励所有的人一起将公司这个蛋糕越做越大。悖论三：要获得成功，必须先经历失败。通常的情况是，开创的第一个企业失败了，但创业者从中学到了东西，继而创建了一家极为成功的公司。悖论四：为了实现长期股权价值，必须拒绝短期的诱惑。获得长期股权权益需要持续对新人、新产品、新服务和新的支持系统进行大量再投资，这些常会导致企业短期收益减少。

创业的世界不是整齐、有序、线性、一致和可预测的，即使我们非常希望它能够如此。这些悖论恰恰说明了这个世界充满了矛盾与混沌。要想获得成功，创业者必须十分擅长处理这些模糊、混沌和不确定性。美国著名的创业家及风险投资家、《创业维艰》的作者本·霍洛维茨（Ben Horowitz）认为：创业家的第一守则——没有规则，甚至打破规则。

悖论是指既矛盾又相互关联的元素，这些元素间的逻辑似乎是独立的，关系是荒谬的、非理性的，但这些元素又同时出现。悖论整合是指将两种相反的力量并列同时予以包容和协调，并通过辨别二者之间可能存在的联系进而在一个更高的层次对二者进行整合，从而对战略矛盾进行平衡。与两难困境的理论框架相比较，悖论整合的思维包含了两难困境的原有架构，即两种选择无法共存，必须进行取舍。同时，其突破了传统组织理论和权变视角下"非此即彼"的思维模式，将创业视为一种始终充满矛盾的复杂动态系统，而管理的核心就是处理这些始终存在的悖论。该思维与中国"阴阳"和谐的哲学思想相一致，同时吸收了西方的分析性和竞争性思维，形成了融合创新的思维模式，将两难困境的决策重心从"取舍"转变为"兼顾"。

平衡力强大的创业者的优势之一就是善于利用这些相互矛盾的元素。百森商学院的创业学教授杰弗里·蒂蒙斯（Jeffry A. Timmons）提出：成功的创业者必须培养一种规划和随机应变的习惯，不断综合大脑信息和内心感受，不断对选择进行重新评价，直到这个过程成为第二天性。华为创始人任正非提出的"灰度思维"也是一种悖论整合理念：灰色的意思就是不走极端，在继承的基础上变革，在稳定的基础上创新，在坚持原则和适度灵活的调整中处理企业的各种矛盾和悖论。任正非认为华为成功的原因之一就是秉持"中庸之道"，即在坚持原则和方向（理想）的前提下，将矛盾的双方创造性地加以平衡和融合，从而形成对立中的统一、动态中的平衡和有原则的妥协。

美国著名的环境经济学家、教育家和企业家保罗·豪肯（Paul Hawken）认为，开展社会性商业活动的创业者的可贵之处是他们总是尝试去做些什么，例如去冒险，去把握机会，去改变现状。他们不会等待解决问题的办法，而是在即使不能保证成功的前提下也要积极行动。

最后，我们以比尔·盖茨夫妇在斯坦福大学 2014 毕业典礼演讲的一段话结束本章内容。"你们将会引领新一轮的创新浪潮，你们选择解决的问题，将会决定世界能否更加美好。如果你的世界很广阔，你可以创造大家都渴望的未来。如果你的世界很狭隘，你或许只能创造悲观主义者所畏惧的未来。如果我们要让自己的乐观影响所有人，我们就要看到他们最紧迫的需求。如果我们的乐观没有融入同情，就算我们掌握再多的科学技术，都解决不了世界上最棘手的问题，那样我们就只是在玩智力游戏。"

▶ 重要概念

失败；创业风险；创业压力；经济收益；社会收益；自由独立；高成长潜力；悖论整合。

▶ 思考题

1. 创新创业的成本有哪些？除了本章列出的成本类型，你认为还有哪些成本？

2. 商业上的失败并不等同于创业者失败，你认同这句话吗？说出你认同或不认同的理由。

3. 创业者在选择创业之前需要明确自己的创业目的吗？你有创业的想法吗？如果有的话，试着讲一讲。

4. 创业失败率高是创业活动的典型特征，为什么会这样？谈谈你的看法，并思考如何能使失败的成本降到最低。

5. 创新创业成本与收益平衡是一门艺术，谈谈你对这一问题的认识。

第9章　创新创业的知行准则

学习目标

掌握基于奏效逻辑的思维及其行为准则；

掌握基于精益创业的思想及基本原则；

了解基于企业家精神的行为准则和创业培训；

了解"互联网＋"的行为准则和互联网时代的创业学习。

▶ 引例

周鸿祎复盘 360 "免费" 战略：庆幸当时巨头看不明白

在某期《对话》栏目中，360 公司董事长周鸿祎、知名投资人徐小平等人与《从 0 到 1：开启商业与未来的秘密》的作者、硅谷创投教父彼得·蒂尔（Peter Thiel）进行了对话。节目中，周鸿祎对 360 的"免费"战略做了复盘，他表示 360 从 0 到 1 就做了两件事，幸运的是做这两件事的时候，有些巨头看不明白、没有跟随。

PingWest 创始人骆轶航曾在一篇文章中写道：某种程度上，周鸿祎曾经是中国互联网最大的"变量"，他开创的免费杀毒和免费安全模式是一次"从 0 到 1"的实验，搅动了整个互联网安全行业。

当栏目主持人提出"你觉得你的哪一步是从 0 到 1？"这一问题时，周鸿祎回答："可能我们从 0 到 1 就是干了两件事。第一就是所有杀毒软件都不敢得罪互联网大佬，互联网大佬做'流氓软件'的时候，他们不敢杀，我们敢杀。他们是 0，我们是 1。我们做杀毒的时候，坦率来说在技术上并没有多么了不起的突破，我们还是一个杀毒软件，只不过别人是收费的，我们做免费的。"

查杀"流氓插件"和推行免费安全，这两个动作让360很快获得了大量用户的信任，但除了敢领先于同行做这两件事，周鸿祎认为自己也是幸运的："复盘一下，我觉得最幸运的是当时做这两件事的时候，巨头看不明白，没有跟随。事实上如果巨头当时就意识到安全是大市场，马上反应过来，任我周鸿祎有三头六臂，或者有20个周鸿祎，在刚起步的时候就被别人抄袭，那一定会被别人干死的。"

创业者面对竞争，一定要选择做巨头看不懂的事。正如主持人在节目中所说，周鸿祎最初带着完全免费的观念进入杀毒和安全软件市场的时候，其实他的日子并不好过，他需要面对同行的竞争，一而再，再而三地不断竞争。

现在的IT行业竞争更加激烈，面对巨头，创业者想要获得成功也更加不易。因此，周鸿祎认为，"创业者应该选择一个在刚开始巨头看不懂、看不明白的事。如果你做某件事，巨头一下就明白了，那他们一定会来跟你竞争"。

周鸿祎表示，今天巨头的竞争方式比以前更多，过去是一对一地复制，而现在则会投资同类的公司、同样的团队来与你竞争。举例来说，国内最早做打车软件的不是滴滴，也不是快的，但最后滴滴与快的获得了巨头的支持，每家狂砸10亿人民币，就把这个市场结束了，没有竞争了。因此，周鸿祎告诫中国的创业者："你可以幻想最好没有竞争，幻想能找到一个从0到1的领域，但只要你想到了，如果不能在一年之内迅速做大，就一定会被各种模仿者、抄袭者，包括被巨头盯上。"

所以周鸿祎认为在中国创业难度比在美国大很多，同时这种竞争也使中国互联网的惨烈程度远大于美国。

周鸿祎在《周鸿祎自述：我的互联网方法论》一书中把"颠覆式创新"视作互联网思维最重要的四个关键词之一，而美国硅谷创投教父彼得·蒂尔在《从0到1：开启商业与未来的秘密》中对一个意思较为相近的词语"破坏性创新"并不十分认同。

所以在节目中，周鸿祎也表达了自己的观点，他觉得不应该把破坏颠覆式创新看成制造麻烦。举个最简单的例子，可拍照的手机显然是对数字相机的"破坏"。人们有手机之后就更方便，出门只需要带一个可拍照的手机就可以了。这里并不是说"破坏者"一定要跑到对方的公司说他要破坏人家的生意，实际上他是通过更好的体验与服务把用户都拿走了。

当然，对于行业来说，长久来看，颠覆式创新通常不会是制造麻烦。正如彼得·蒂尔在《从0到1：开启商业与未来的秘密》中所言，PayPal也能被视为具有破坏性，但其最终使整个产业得到正面的回报。360的免费杀毒和免费安全其实也一样，对比如今的安全市场与免费之前的安全市场，我们可以发现行业的正向发展要更好。

创业者是新市场创造和新兴产业产生和发展的重要推动力量。托马斯·爱迪生发起了电气革命，亨利·福特引领了制造工艺创新，华特·迪士尼创造了娱乐帝国，史蒂夫·乔布斯开创了智能手机和平板电脑时代，这样的例子不胜枚举。我们并不能将这些人的成功简单归结为他们是天才，他们具有某种独特的人格特质。研究发现，创业者的成功来自一种思维方式，而不是特定的行为模式。完善的创业知识结构或创业知识、创业思维是可以识别和培养的。彼得·蒂尔在《从 0 到 1：开启商业与未来的秘密》一书中认为创业秘籍并不存在，因为任何创新都是新颖独特的，任何权威都不会具体规定如何创新。事实上，成功人士总能在意想不到的地方发现价值，他们遵循的是基本原则，而非秘籍。《从 0 到 1：开启商业与未来的秘密》还提出每个初创公司都不得不做的思维运动是：质疑现有观念，从零开始重新审视自己所从事的业务。

创业者在创新创业过程中需要具备怎样的思维方式？需要遵循哪些基本的行为准则？或者说，具备什么样的创业思维、遵循哪些基本行为准则更有助于获得成功，且在最大程度上避免失败？本章主要介绍创业成功的一般行为准则，基于互联网行业总结出的精益创业理念及其行为准则，还将介绍一个成功的创业者需要具备的内在品质、企业家精神，以及"互联网＋"时代对创业学习提出的新挑战和要求。

9.1　基于奏效逻辑的创业思维和行为准则

创新创业具有一定的风险性、不确定性，创业者在创新创业过程中需要做大量复杂的决策。如何能在高压环境下做出正确有效的决策，把握机会提升绩效，并在创新创业过程中不断提升自己的创业能力呢？或者，对于创新创业新手来说，如何训练自己的创业思维和行为方式，才能提升创业能力走向成功？

美国弗吉尼亚大学达顿商学院萨阿斯·萨阿斯瓦斯（Saras Sarasvathy）教授通过对专家型创业者进行观察和研究发现，专家型创业者所具有的一些特别的行为准则和思维逻辑有悖于教科书中的标准模式。她提出的奏效理论（Effectuation）被视为创业管理领域十多年来最为有趣和最受关注的理论之一，该理论也对传统根深蒂固的创业战略思维提出重大挑战。奏效逻辑可以帮助我们理解创业者在创业活动中的一些即兴而为的行动以及意外的决策推理。与传统的因果决策逻辑相比，它可能更接近创新创业活动的本质。

9.1.1　奏效理论起源及其主要思想

萨阿斯瓦斯教授于 1998 年获得博士学位，其导师是著名的诺贝尔经济学奖得主赫伯特·西蒙（Herbert A. Simon）。奏效理论源于西蒙的人工科学和有限理性理论，该理论采用的专家型研究方法也受到了西蒙等人所采用的专家研究法的启发。萨阿斯瓦斯教授从美国 1960～1985 年"年度国家创业奖"的获得者中邀请了 27 个研究对象，分别对他们进行试验和访谈。她定义专家型创业者有 3 个标准：至少具有 15 年的创业经验，有多次成功和失败的创业经历，且其中至少有一次成功 IPO。萨阿斯瓦斯教授总结出专家型创业者们成功创建企业、开发新产品及新市场的四条核心原则和一个统领性观点，系统性观点是：了解你是谁、你知道什么、你认识谁，在此基础上总结出了 5 条实用原则。充分利用自己手中现有的资源开始行动（手中鸟原则）；不要试图追求收益最大化，而是要关注可以承受的损失（可承受损失原则）；不要害怕变化和偶然性，而是要充分利用和拥抱它们（柠檬汁原则）；不要只关注竞争关系，而是要尽可能广泛地建立合作伙伴关系（疯狂的被子原则）；不要仅仅寻找商机，而是要创造商机；事实上，如果你能控制未来，就不需要预测未来（飞行员原则）。这些原则虽然看似简单，并且易于应用，但它们挑战了传统的管理学原理，甚至构成了对其彻底的颠覆。

成功者的创业者在高度不确定的环境下是如何决策的呢？传统因果决策逻辑是基于明确的目标、翔实的分析和清晰的预测，然而创业过程中可能会存在目标模糊、情境结构不良、未来不可预测等情况，此时传统的因果逻辑就不适用了。萨阿斯瓦斯教授提出了一种基于奏效逻辑的决策理论。决策者从分析既有手段出发，在此基础上确定自己能够做什么，并与认识的人积极互动以获得其认同和承诺，从而实现资源的不断扩张。

因果推理和奏效推理都是人类的思考方法，二者差异明显但不是截然对立的，在不同的决策及行为背景下可能会重叠交织或同时发生。因果逻辑和奏效逻辑的比较如下表所示。

因果逻辑和奏效逻辑的部分比较

比较点	因果逻辑	奏效逻辑
决策前提	目标既定	手段和工具既定
潜在逻辑	从明确的既定目标出发，寻求实现目标的最佳手段。在实现目标的过程中可能会调整目标，改变实现该目标的行动	从既有手段出发，充分发挥主观能动性，甚至创造新的手段来争取尽可能好的结果，形成动态的"手段—目的"链
决策标准	收益分析，以最大收益为目标的最优选择	成本分析，在可承受损失下作出满意的选择
对未来态度	未来可以预测，对可以预测的情况进行控制	未来无须预测，关注未来可控方面
对待利益相关者态度	强调竞争	强调联盟合作
决策情境	更适合静态、线性、独立环境	更适合动态、非线性、生态环境

9.1.2 奏效理论的主要原则

（1）手中鸟原则

"手中鸟"原则是指创业者要充分利用自己手中的资源展开行动。对创业者而言，可利用的资源分为三种：我是谁，我知道什么，我认识谁。"我是谁"包括创业者自身的特质、能力和个性，"我知道什么"包括创业者的教育背景、经验和专业知识，"我认识谁"则是指创业者的社会人际网络。一个人的资源总和等于上述三种方式的综合。按照这种原则，创业并非起始于对机会的识别和发现，或者预先设定目标，而应首先分析我是谁、我知道什么以及我认识谁，即了解创业者自己目前拥有的手段有哪些。创业行动应该是手段驱动，而不是目标驱动。创业者应该运用各种已有手段或手头资源来创造新企业，而不是在既定目标下寻找新手段。

创业从工具开始，而不是从目标开始，这能够帮助创业者更加迅速地起步、降低风险，为创业起步带来优秀创意。虽然创业者开始创业时会设计多种可能性行动方案，但行动方案的结果却具有不确定性。因此，创业者不应根据行动方案预估产生的效益，而应通过它们存在的潜在风险来评价方案，进而区分各种可能性的优先次序。

（2）可承受损失原则

初创业者要想如那些经验丰富的创业者一样有效管理创业风险，就要依据可承受的损失的等级进行决策，而不是盲目猜测会有多大的机会可以控制风险。创业者必须首先确定自己可以承担以及愿意承担的损失有多大，然后投入相应的资源，而不是根据创业项目的预期回报来投入资源。在考虑投入时，应该综合权衡各项成本，包括金钱、时间、职业、个人声誉以及心理成本和机会成本等。

先问自己几个问题，这样有助于想清楚自己能承担多少损失和愿意承担什么损失。人们的"心理账户"会将各种资源进行分类，这些心理账户包括时间、资金、家庭住宅、人脉等。一旦你确定了能够承担的损失，接下来就要考虑你愿意为这个公司承担什么样的损失。假如遇到了财务风险，创业者可利用可接受损失的方法降低这一风险，这样有助于创业者提升对公司的可控程度。从可承受损失的角度思考问题能够减少失败带来的影响，这是因为创业者已经将损失降低到自己可接受的程度，并且为了创业愿意承担这些损失。

（3）柠檬汁原则

西方有一句谚语："如果生活给了你柠檬，就把它榨为柠檬汁。"这实际上是指创业者要以积极的心态主动接纳和巧妙利用各种意外事件和偶发事件，它们在创业中无法避免，创业者也不应消极规避或应付。问题不在于在创业过程中是否会遇到意外事件，而在于我们是否能利用它、何时利用它。

很多时候，意外同时也意味着新的机会。如果能解决这个意外问题，你的解决方案会变成你的资产。假如这个问题会永久存在并且你无法解决，那么它将成为你采取下一步行动的已知事实基础。

（4）疯狂的被子原则

成功创建企业需要建立合作伙伴关系。合作伙伴会带来新工具、新思路，可以帮创业者分担风险，还能创造新机遇。奏效逻辑强调利益相关者的事先承诺，因为它不仅能减少甚至消除环境中的不确定因素，还能帮助创业者扩大思路，带来意想不到的结果。运用推理方法的创业者不是基于预定的商业模式或目标来选择利益相关者，而是让利益相关者做出实际承诺且主动参与到创业中来。

合作伙伴自主选择共同创业，为建立新企业做出承诺。没有承诺，就不算合作伙伴，只能算潜在的合作伙伴。合作伙伴会帮创业者寻找愿意为创业项目实际投入资源的利益相关者，通过谈判、磋商来缔结创业联盟，建立一个自我选定的利益相关者网络。如果联盟网络变化，那么创业目标也会发生变化。

（5）飞行员原则

创业者不应该把主要精力花在预测未来上，而是要在当下采取积极行动。未来会获得什么取决于一个人现在做了什么。采取行动时，要基于个人已经拥有的资源。利用已经拥有的资源行动，这样可控性更强。评估行动时，要依据失败是否在可承受范围内而不是它能否带来的最大利润，这样做有利于控制预设的风险。创业者既要知道哪些事情是可以控制或影响的，也要了解哪些是无能为力的。奉行奏效逻辑的人不把自己看作是无视概率的冒险者而是看作直接参与世界运转的活跃的代理人。

— 案例推送 ——

创业思维训练：拼图与做被子的游戏

百森商学院海迪·内克（Heidi M. Neck）教授领衔开发了拼图与做被子的两个小练习，这能帮助我们更好地理解管理思维与创业思维之间的差异。

首先，参与者被分成若干小组，每组6人，并被告知这是一个有时间限制的比赛，指定每个小组到他们相应的桌子上阅读任务说明，并以最快的速度完成一幅拼图。最开始，每个小组都会有混乱和争吵，但很快表现出了秩序性。以拼图包装盒上的完整图案作为指导，小组成员依次把位于图案中心的碎片和位于边缘的碎片区分开来，寻找位于四个角落的碎片，把颜色相近的碎片分成小堆，并分区域把碎片逐渐拼起来。

10分钟后，每个小组都被抽调出一个志愿者进入另外一个空房间，房间角落的一张桌子上堆放着很多不同颜色、纹理和尺寸的布条。这些人被告知他们需要在房间中选择一块空地独立设计一床被子，原材料就是从桌子上任意选择的6块布条。志愿者不需要把布条缝起来，只需按照自己的想法把布条摆放在地上进行创造。此外，这些志愿者还被告知，在后面的时间里，参与拼图练习的其他人会陆续进入这个房间，并加入他们当中进行被子设计。

5分钟后，又有一些志愿者从拼图小组中抽调出来进入被子制作房间，被告知可各自选择6个布条并加入他们愿意加入的任何一个已经在房间里忙碌的被子制作人那组。此后，每隔5分钟，一些新的志愿者就会离开拼图练习进入被子制作房间。随着更多人的加入，一些被子变得越来越大并且更具创新性。很快，所有的参与者都从拼图练习转为从事被子制作了。尽管参与者并没有意识到，其实他们刚刚经历了一场从一般管理思维到创业思维的转换。在拼图练习中，所有参与者都从一个明确的目标开始，并遵循一个线性的过程去完成任务，其所体现出来的思维逻辑非常类似于大多数企业的管理思维。

很多任务，由于问题明确并且可以获得相对充裕的可靠信息，因此最终目标很快就可以建立并进行明确界定。拼图练习就是这样一种情况，拼图包装盒本身提供了很多可知信息，包括拼图碎片的数量以及最终图案，二者都可以用来降低与任务难度和完成时间相关的不确定性。在这种情况下，我们可以利用各种工商管理理论中的分析框架和分析工具来评估现状、界定问题和机会、诊断问题原因，评估各种可供选择的行动方案，并选择最佳的方案来实现既定目标。

然而，创业是与高不确定性紧密联系的，如新兴行业中的创业企业可能最初都不知道市场在哪里。这时，创业者只能利用创业思维通过明智的快速行动来探知现实情况，然后观察并分析他们行动的结果。做被子练习所体现的思维逻辑非常类似于不确定环境中的真实创业过程：所有参与者都从自己手中拥有的资源开始，目标由手段确定，并且目标不断发生变化。这是一种手段导向的过程，与先想好一个被子的设计思路再选择材料来制作被子（管理思维）是完全不同的。

在做被子练习中，其他志愿者自主选择加入一个已经成立的被子制作小组时，选择依据存在很大差异。一些人可能是被某个小组的创新设计所吸引；一些人可能是感到某个小组的设计方案与自己的想法一致；一些人则是看到有的小组没有多少人加入，而感到自己有责任去改变这种现状；另外一些人则是由于有的小组有自己非常熟悉的人。不管原因是什么，每个志愿者都带来了额外的资源（布条）和新想法，使被子的最终设计逐步浮现出来。大部分情况下，新带入的布条或被子设计的新想法，会迫使小组转向与最初设计完全不同的方向。

9.2 基于精益创业理念的行为准则

著名科幻小说家科利·多克托罗（Cory Doctorow）曾说："铁匠在啤酒中洒下眼泪，悲叹自己没有办法在铁路时代卖马掌，但是这并不会使他们的马掌更受欢迎。那些学习变成机械师的铁匠才会保住自己的饭碗。"一个知名企业家对这句名言的理解是：企业唯有快速顺应时代才能赢得未来，产品生产方式必须因时代而改变。

对于创业公司来说更是如此。

我们身处的商业时代有两大主题：互联网化和全球化。这个时代有几个新的特点：从市场结构来看，产品供给方的数量和质量远远超过了古典的商业时代，大多数市场是典型的买方市场，竞争激烈，企业唯有更好地满足客户需求才能生存；从消费趋势来看，用户的需求日趋多元化，满足他们需求的难度正在不断提高；从技术发展来看，以互联网、移动互联网为代表的信息技术，可以帮助企业深入了解大多数客户和消费者的需求，按需驱动，使产品快速灵活地适应市场，同时去除无畏的损耗，使企业效益也得以最大化。

在互联网时代创业，传统的管理思想并不一定适用，重要的是找到建立成功企业的新思路、新思维和新方法。尽管有很多次创业经历，埃里克·莱斯（Eric Ries）显然并不是硅谷最成功的创业者，但他在《精益创业》一书中对互联网时代的创新创业经验进行了总结，使人们认识到创新创业是一门务实的、可学习和掌握的科学，而不是天才、赌徒与冒险、运气、不确定性之间的博弈游戏。掌握精益创业的创新创业思维和理念，可以帮助创新创业活动更快速、低成本地进行试验，更好地挖掘用户需求，迭代优化产品，在迭代中让创业者不断提升自身创新创业能力，从而使创业者的创新创业之路走得更稳健。

9.2.1 精益创业的基本思想

精益创业代表了一种不断形成创新的新方法，它源于"精益生产"的理念。埃里克·莱斯让全世界了解了价值创造活动和浪费之间的差异，告诉创业者应如何由内而外地将质量融入产品之中。精益创业提倡企业进行"验证性学习"，即先向市场推出极简的原型产品，然后在不断的试验和学习中，以最小的成本和有效的方式验证产品是否符合用户需求，根据实际情况再灵活调整方向。创业是在充满不确定性的情况下进行的产品或服务创新。新创企业还不知道自己的产品应该是什么样的，自己的顾客在哪里。计划和预测只能基于长期、稳定的运营历史和相对静止的环境，而这些条件新创企业往往都不具备。有时候创业者自己觉得产品会非常受欢迎，所以花费巨大精力在各种细小的问题上进行打磨，结果产品推到市场后，消费者很残酷地表示他们不需要这个东西。如果某种产品不被市场需要，那么失败来得越快越好，这意味着创业者会耗费更少的资金和精力在错误的事情上。也就是说，如果产品不符合市场需求，最好能"快速地失败、廉价地失败"，而不要"昂贵地失败"；如果产品被用户认可，创业者也应该不断学习，深入挖掘用户需求，迭代优化产品。

精益创业的优点有三个方面。一是快速。在精益创业模式下，所有的创新行为和想法都必须在最短的时间内呈现出来，抛弃一切暂不重要的功能，把中心的、极简的功能展现给客户，无论成功或失败创业者都能够以最快的速度知道结果。二是低成本。以前，企业多遵循"十年磨一剑"式的长期研发模式，当最终成果推出时，有可能才发现花费了大量人力、物力和时间所开发出的产品，并不是客户所需要的，这种巨大的浪费除了会给创业者、企业带来巨大的经济损失之外，还会对团队的士气形成重大打击。而精益创业所采用的"频繁验证并修改"的策略，可确保企业不会在客户认可之前投入过高的成本。三是高成功率。虽然创业充满风险，成功率低，但也不是没有套路可遵循。按照精益创业的模式，从"最小可行性产品"出发，每一次迭代都可以寻找客户进行试用，了解客户对产品的看法，寻找产品的不足和客户希望增加乃至修改的功能点。在持续遵循客户的意见进行产品开发后，项目组不断纠偏的结果就是产品越来越符合客户的要求，而不是开发团队闭门想象的样子。通过持续的"测试—调整"以及快速迭代，创新创业的成功率能够大大提升。

9.2.2 精益创业的基本原则

埃里克·莱斯将精益创业提炼为一个反馈循环：想法—开发—测量—认知—新的想法。根据这种模式，创新创业的第一步是把想法变为产品。这时开发的产品是精简的原型，是投入最少的金钱和精力开发出体现核心价值的产品，因此不要在许多细枝末节上耗费过多精力。当具备极简功能的产品得到用户认可后，创业者需要把控局势，在反馈和循环中测试产品，快速作出调整和改变，迭代优化产品，挖掘用户需求，以期达到爆发式增长。具体来说，精益创业包含以下五项原则：

（1）创业者无处不在

并非只有新成立的创业公司的创始人才是创业者，在创业企业中工作的任何人都是创业者。在埃里克·莱斯的定义中，新创企业就是在充满不确定性的情况下，以开发新产品和新服务为目的而设立的机构。它既可以是新公司，也可以是大公司中的新业务、新项目。这意味着创业者无处不在，而且精益创业的方法可以运用到各行各业，以及任何规模的公司甚至庞大的企业中。

（2）创业即管理

新创企业不仅代表了一种产品的问世，更是一种机构制度，所以它需要某种新的管理方式，这种管理方式要能应对极端不稳定的情况。事实上，"创业企业家"应该是一个在所有现代企业中使用的头衔，因为企业未来的发展要依靠创新。

（3）经证实的认知

新创企业不仅仅是为了制造产品、赚取金钱、服务顾客，它们的存在更是为了学习了解如何开展一种可持续的业务。创业者可以通过频繁的试验检测其愿景的各个方面，这种认知应该是得到验证后的认知。新创企业应该完全实现跨部门的团队整合，保证团队的每一个人都能直接面对用户、直接接受市场反馈，而所有人提出的产品设想都应被投放到市场中进行验证。只有经过市场验证的产品信息才是可靠的知识，才能构成创业者和新创企业的认知。

（4）开发—测量—认知

新创企业的基本活动是把点子转化为产品，衡量顾客的反馈，然后决定是改弦更张还是坚守不移。所有成功的新创企业的流程步骤都应该以加速这个反馈循环为宗旨。如果创业能遵循"开发—测量—认知"这样的反馈循环，那么就可以做到所谓的"自动驾驶"，即驾驶者每次转动方向盘、踩下油门或者开上哪条街、在哪里转弯等都不需要预先思考。创业者也可以根据前一个环节收集到的信息做出坚持、调整抑或转向的决定。

（5）创新核算

创新核算始于把信念飞跃式的假设转化为定量的财务模式。为了提高创业成效，并让创新者们负起相应责任，企业需要关注那些乏味的细枝末节：如何衡量进度，如何确定阶段性目标，以及如何优先分配工作。这需要为新创企业设计一套新的核算制度，让每个人都肩负职责。精益创业的一个核心原则是尽可能缩短证实认知的时间。这不仅能避免资源浪费（开发一个庞大的产品结果没人用），更重要的是能从真实顾客那里收集到足够的实证数据，来证实最初的判断真实与否；能尽快学习和认知新开发的产品或者服务的价值所在，并尽量排除其中的伪价值。

新创企业的成功不在于优良的基因，或生逢其时其地。它可以因为遵循了正确的流程而获得成功，也就是说，成功是可以习得的，是可以传授的。创业即某种形式的管理。新创企业的那种颠覆性、创造性和混乱的状况是可以管理的，或者说，必须加以管理。这种说法看似有违直觉，多数人认为流程和管理枯燥无味，而创业则充满活力和激情。但是，真正令人激动的是看到企业获得成功，改变世界。人们为这些新企业付出的热情、精力和抱负都是珍贵的资源，不容随便浪费。人们可以，而且必须做得更好。

9.3 基于企业家精神的行为准则和创业教育

世界著名的管理咨询公司埃森哲，曾在 26 个国家和地区与几十万名企业家进行过交流。其中 79% 的企业领导认为，企业家精神对于创业成功非常重要。那么，到底什么是真正的企业家精神呢？简单来说，企业家精神是经济主体敢于承担风险并创造财富的创新行为。在创新创业过程中，如何才能具有企业家精神，能够像一名真正的企业家那样承担风险、勇于创新、创造财富？基于企业家精神创业者需要遵循怎样的行为准则？如何将企业家精神融入创业教育，以提高创业能力，提升创新创业质量？本节将从企业家精神视角解读成功创业者的思维方式和行为准则的培养路径。

9.3.1 企业家精神的内涵

（1）创新是企业家精神的灵魂

创新是企业家精神最本质的特征，也是企业家精神的核心。熊彼特关于企业家是制造"创造性破坏"的创新者的观点,凸显了企业家精神的实质和特征。创新是企业家活动的典型特征,包括产品创新、技术创新、市场创新、组织形式创新等。创新精神的实质是"做不同的事,而不是将已经做过的事做得更好一些"。熊彼特曾做过这样一个形象的比喻:你不管把多大数量的驿路马车或邮车连续相加,也得到一条铁路。正是这种"革命性"变化推动了经济发展。

(2)冒险是企业家精神的天性

美国著名经济学家坎迪隆(Richard Cantillion)和奈特(Frank Rnight)将企业家精神与风险或不确定性联系在一起。他们认为,没有甘冒风险和承担风险的魄力,就不可能成为企业家。创新本身就意味着风险,二者相伴相随。只创新、不承担风险的是一般管理者,只冒险、不创新的是赌徒。创业风险对企业家说是两面的,要么成功,要么失败,企业家没有第三条道路可选。优秀的企业家无一例外都是在条件极不成熟和外部环境极不明晰的情况下,敢为天下先。2007年4月,比尔·盖茨在清华大学演讲时说:"创业的部分乐趣就在于没有人可以向你保证未来怎么发展。微软不断成功的原因就在于它不断冒巨大的风险,同时面对大量的竞争,面临客户的大量需求。软件行业的不确定性驱使我们不断前进。"美国3M公司有一个很有价值的口号:"为了发现王子,你必须和无数个青蛙接吻。""接吻青蛙"常常意味着冒险与失败,但如果你不想犯错误,那就什么也别做。

(3)合作是企业家精神的精华

竞争是市场经济的必然产物,也可以说在某种情况下是竞争导致了合作。合作是企业重要的竞争手段,是企业间重要的交流方式,也是企业家走向成功的必经之路。合作源自对于秩序发自内心的尊重和认真遵守,这也是互联网时代的本质要求。尽管伟大的企业家在表面上看常常是一个人在表演,但真正的企业家其实是擅长合作的,而且这种合作需要扩展到企业的每个员工。企业家也会面临交响乐指挥所面临的挑战:他必须协调好拥有不同技巧、才能和个性的一大群人,使之成为一个优秀的团体。企业家既不可能也没有必要成为一个"超人",但企业家应努力成为"蜘蛛人",要有非常强的"结网"能力和意识。西门子公司就是一个例证,这家公司秉承"员工为企业内部企业家"的理念,开发员工的潜质。在这个过程中,经理人充当教练角色,让员工互合作,并为其合理的目标实施引导,同时给予足够的施展创新的空间。西门子公司因此获得令人羡慕的产品创新纪录和成长记录。

(4)学习是企业家精神的关键

美国麻省理工学院斯隆管理学院资深教授彼得·圣吉(Peter M. Senge)在其名著

《第五项修炼》中说道:"真正的学习,涉及人之所以为人此一意义的核心。"从系统思考的角度来看,从企业家到整个企业都必须持续学习、全员学习、团队学习和终生学习,只有不断学习才能创新和变革。企业家的学习精神是企业拥有持久竞争力的根源。事实上,成功的企业家都是高效的学习者,他们从自己的成功和失败经验中学习,从合作伙伴身上学习,从竞争对手那里学习,从一切他们认为值得学习的地方学习。

9.3.2 基于企业家精神的创业教育

第三次科技革命带来了创业经济的繁荣,同时推动了教育领域的创新——企业家精神教育。同时,企业家精神教育的发展又反过来催生了大量富于创新变革思维的人力资本,促进了经济的增长。创新创业活动和创新创业教育不仅能够促进社会经济增长,而且有助于培养具有社会责任感、创新精神和实践能力的时代新人,形成崇尚创新、支持探索、宽容失败的文化氛围,催生社会活力和发展动力。

2015年5月,《国务院办公厅关于深化高等学校创新创业教育改革的实施意见》(以下简称《意见》)发布。《意见》提出,自2015年起全面深化高校创新创业教育改革,到2020年建立健全"课堂教学""自主学习""结合实践""指导帮扶""文化引领"为一体的高校创新创业教育体系,让人才培养质量得到显著提升,学生的创新精神、创业意识和创新创业能力得到明显增强,投身创业实践的学生显著增加。为此,各类大学开始增设创业管理类课程,但针对不同的学科专业,应根据实际情况而开设不同的创业学习课程或创业训练,以培养学生的事业心、进取心、开拓精神、冒险精神,为今后从事企业、商业规划活动做好准备。创业教育可以嵌入甚至融入各专业教育。在培养和强化创新能力方面,各专业有些做法具有共性,如物理学强调实验,管理学强调实习或者也可以说是实验,如市场调查、商业模拟等,只是实验的环境可能不同;即使做法有差异,本质也可能相同,即锻炼学生的动手能力、探索精神、科学严谨的实证态度,改造世界,让人类生活更加美好等,这些也正是企业家精神所追求的。

企业家精神教育体现在创业教育的实践中。美国是全球创业教育研究和实践最早兴起的国家。美国考夫曼企业家精神研究中心将企业家精神教育定义为,向学生教授理念和技能以使其能识别被他人所忽略的机会、积极做他人所犹豫的事情,包括机会感知、风险性的资源整合、开创新企业和新创企业管理等内容。企业家精神教育既要在机会识别、整合资源以应对风险、创建企业方面给学生以理念和决策逻辑方面的指导,同时要在新创建企业管理方面给学生提供必要的技能知识，如商业计划的编写、资本应用、营销设计和现金流分析等。

企业家精神教育的首要目标是增加学生对新创事业创始与管理过程的认知与了解，其次为增加学生对创业生涯的职业选择的了解。企业家精神教育已逐步由单纯的创业导向教育模式发展为以培养具有创新性、创造性与理性承担风险能力的适应新经济时代的管理人才为核心的教育体系。从课程设置模式看，企业家精神更加突出管理教育的创新与整合特征，强调以企业家精神为核心的整合课程设置模式，强调环境互动和应对不确定性环境的能力。

教育部已明确意识到可以把创业教育作为推动高校教育改革的抓手，而改革重点在于将教学内容和目标从传授知识向培训思维和提升技能转变，这种转变需要以扎实的微观研究为基础。现行创业教育体系基本以创业过程为主导，如果学校只停留于讲授机会识别、机会开发、资源获取、制订计划、实施计划、管理新企业等创业过程内容，而忽视创业者针对机会识别、评价和开发等过程中使用的重要思维模式的讲授，则很难探索出培养具有创业思维的人才的有效途径，更难以从根本上推动高校管理教育改革。

── **案例推送** ───●

第三本"教育护照"

创业教育的提出者科林·博尔在 1989 年向经济合作和发展组织的教育与革新中心提交的一份《学会关心：21 世纪的教育圆桌会议报告》中，提出了 21 世纪新的教育哲学观念，即未来的人都应该掌握三本"教育护照"：第一本是学术性的，第二本是职业性的，第三本是证明一个人的事业心和开拓能力的。他把"创业能力"看作面向 21 世纪继学术能力、职业能力后的第三种能力，也称为第三本"教育护照"。

9.4 基于"互联网＋"的行为准则和创业学习

我国已进入"互联网＋"时代，新一轮互联网创业浪潮正在形成。2015 年 3 月，李克强总理在政府工作报告中提出要制订"互联网＋"行动计划。同年 6 月 24 日，国务院常务会议通过《"互联网＋"行动指导意见》，部署了在双创、协同制造、现代农业等若干重点领域实施"互联网＋"行动计划的目标任务。当前，互联网产业已成为我国经济最大的新增长极和创业空间。"互联网＋"的创新创业模式，拥有更年轻的创业者、更广阔的创业平台、更活跃的风险投资、更公平的创业环境。可以说，"互联网＋"行动计划将进一步加速新一轮互联网创业浪潮的发展，推动互联网与各行业深度融合，加快形成经济发展的新动能，促进我国经济加速转型升级。

在互联网时代，产品、服务、商业模式、消费者的需求、外部竞争环境等都处于快速迭代的过程中，创新创业者及其所在组织的能力也需要快速迭代提升。创造性地利用各种技术和资源，锐意创新和加速价值创造是各种创新创业活动的经营法则和行为准则。按照生态学原理，一个有机体要想获得生存与发展，其学习的速度必须大于环境变化的速度。在互联网时代，原有的一些个体和组织学习方法不仅没有失效，反而具有更加重要的意义与价值，将这些学习方法与互联网思维相结合，将会发挥更大的威力。因此，在当前的互联网时代，创新创业者只有具有更强的学习能力，更快、更好地学习、创新及变革，才能适应甚至引领变革。

9.4.1 基于"互联网＋"的行为准则

互联网思维并没有明确的定义，当前存在两种理论。一是工具论。互联网是指人们在日常生活工作中使用的"基础工具"，是每天工作、学习和生活开始的前提条件，今天处理所有工作都必须连接互联网。在这里，互联网是被当作"器"来看待的。广义之器包括大数据、云计算、智能终端（可穿戴式设备）等，现在的工作、学习和生活都要基于互联网的架构和环境。二是现象论。例如，雷军把互联网思维概括为"雷七诀"，马化腾提出了互联网思维的"马七条"。一些成功的创业者基于自身创业实践对互联网思维进行了总结概括，如下表所示。

实践中对互联网思维的总结概括

提出者	观点
小米公司创始人雷军	雷七诀：专注、极致、口碑、快
360公司创始人周鸿祎	用户至上、颠覆式创新、免费时代和体验为王
腾讯公司创始人马化腾	马七条：连接一切、互联网＋传统行业＝创新、开放式协作、消费者参与决策、数据成为资源、顺应潮流的勇气、创业中的风险

续表

提出者	观点
和君集团合伙人赵大伟	用户思维、简约思维、极致思维、迭代思维、流量思维、社会化思维大数据思维、平台思维、跨界思维
武汉经天纬地人和信息技术有限公司总经理陈光锋	标签思维、简约思维、No.1思维、产品思维、痛点思维、尖叫点思维粉丝思维、爆点思维、迭代思维、、流量思维、整合思维等

中国社会科学院工业经济研究所博士生导师李海舰及其研究团队认为互联网思维包括三个层次：一是互联网精神，即开放、平等、协作、共享；二是互联网理念，包括虚拟实体打通、时空约束打破、一切都极致化、一切都模块化等；三是互联网经济，包括交易技术层面、交易结构层面、交易绩效层面。

（1）互联网精神及其对创业思维和行为准则的启发

①开放

开放就是"互联互通"。对企业而言，要发展，不仅需要拆除企业内部之间的墙，更要拆除企业与外部之间的墙，充分利用外部资源，实现企业从有边界发展到无边界发展的突破。概括而言，过去，就企业做企业，重心在内部；现在，跳出企业做企业，重心在外部。因此，互联网精神的实质就是拆墙、打通。

②平等

平等就是"去中心化、去权威化、去等级化"。去中心化，即人人都是中心，只要自己的言行能够吸引别人的注意力；去权威化，即每个人的权威大小来自自己的粉丝多少，来自网络中认同的多少即网络的认可程度；去等级化，即人与人之间从生而平等达到现实平等，从垂直关系达到水平关系。就企业内部服务关系而言，高层为中层服务，中层为基层服务，基层为用户服务。就企业和企业之间的关系而言，由竞争走向合作，再到共建商业生态。就企业和员工的关系而言，员工由被管理者转向自管理者，再进一步转向自创业者。就企业和用户之间的关系而言，用户由产品购买者转向产品制造者、产品定价者和产品传播者，再进一步转向产品创意者。

③协作

协作就是实现从"公司时代"到"社会时代"的转变，从"公司生产"转向"社会生产"。"公司生产"的状态是：面向内部，经营短板、经营劣势，打缺点、打多点，这样成本高、效益低，此即所谓的"木桶理论"。"社会生产"的状态是：面向外部，经营长板、经营优势，打优点、打一点，你做一段我做一段，然后大家集成，这样成本低、效益高，此即所谓的"新木桶理论"。换句话说，社会生产就是在优势领域集中资源突破，在非优势领域选择外部合作，以此博采众长、精英组合，资源共享、互通有无。

④共享

共享包括分享、免费、普惠。在互联网背景下，产品生产的边际成本几乎为零，这使分享成为可能；使用"虚拟资源"无须缴纳任何费用。在分享和免费的基础上，普惠成为互联网精神的又一重要内容。共享，从参与者的关系上可以分为三方面：第一，个人价值共享，指个人资源的开放，开放的范围小到朋友圈，大到整个社会网络，比如微信朋友圈转发的共享信息、某粉丝群中产品使用体验的共享；第二，价值组织内部共享，这种共享有限定范围，比如企业内部的研发信息共享、制造经验共享等；第三，价值组织外部共享，指组织针对社会的共享，共享对象为全世界的使用者，比如开源软件Linux 在世界范围内和公共知识数字化条件下的社会共享。

（2）互联网对创新创业行为模式的改变

互联网对世界的影响，实际上是数字化、信息化对世界影响的深化。在互联网时代，创新创业的思维方式和行为准则也需要符合并适应互联网法则。互联网对创新创业行为模式的改变，可以分为三个层面：

第一，技术变化所带来的商业交易机制的变化，比如信息产品电子化、货币电子化等，这些变化相应地改变了商业行为的成本结构、交易方式、营销方式。

第二，沟通方式和交易机制的变化，引起人类思维习惯、生活习惯和社会形态的变化，导致消费者需求特点发生变化。信息随时随地可到达各种终端，传播更快，但其影响持续时间更短。信息发布渠道的增多和发布门槛的降低，使互联网经济的商业模式还出现了更加个性化和参与性更强的特征，从而改变了营销模式（如，粉丝经济、社会化营销）和交易机制（如，从 B2C 到 C2B 定制）。

第三，交易机制与生活习惯的变化使得部分旧的商业模式遭受冲击，而商业思维和竞争环境的变化则对创新创业者提出的新要求。在互联网经济加速成长过程的同时，更多的商业模式以"免费"甚至贴钱的方式争夺用户，期待活跃用户量的增加能实现商业价值的质变。

9.4.2 互联网时代的创业学习

当前，微博、微信等社交媒体通过智能手机、平板电脑的广泛使用，使虚拟世界和现实世界实现了各种实时的交互，这也给体验式学习提供了更好的条件，因为互联网的本质就是主动的交流和参与，强调即时性、好奇心和知识开放，实现知识传播的大爆炸。这种互联网时代体验式学习的新模式与旧有模式的比较如下表所示。

互联网学习风格与旧有模式的学习风格比较

旧有模式	互联网学习风格
信息的线性采集	学习的非线性（超链接）逻辑
主要关注事实和知识获取	更多地关注再学习（学习如何学习）
引导式学习	自主式学习
在指定的时间内学习	24/7 小时学习
面对面地学习	交互式虚拟学习
将学习看作任务	将学习看作乐趣
机械学习	类比学习
独立学习	社交学习

体验式学习认为经验是最好的老师。亚里士多德曾说："我们对要学习的事务，可以先做，边做边学。"体验式学习可以调动大脑各个部分的活动，将学习成果"印刻"在头脑中，以指导下一步的实践。在杜威实验哲学的基础上，体验式学习可以定义为一种通过经验的转化来创造知识的过程。美国社会心理学家、教育家、著名的体验式学习大师大卫·库伯（David Kolb）在《体验学习：体验——学习发展的源泉》一书中提出了颇具影响的体验式学习循环过程，即具体的体验—对体验的反思—形成抽象的概念—行动实验—具体的体验，如此循环，形成一个连续贯穿的学习经历。这四个阶段的螺旋式过程，可以使个体"面面俱到"：体验、反思、思考和行动，通过主动测验的引导，形成直接或具体经验，这些又成为观察和思索的基础；从中吸取和提炼出抽象概念，从而创造新的经验，进入下一个循环。

在中国许多传统企业向"互联网＋"转型升级的过程中，主动试错将是震荡最小、风险最低的路径。主动试错的学习对于产品创新、商业模式创新等都具有重大的价值。在创新创业中，试验是一种主动试错的方法。创新创业者在正式推出其产品、商业模式之前，通过设计逼近于现实场景的测试情境或在局部真实环境下，对其新创产品、商业模式进行前期测试，以发现可能存在的潜在错误或失败，在此基础上进行持续改进，从而降低创业风险和失败率。主动试错的价值性体现在，通过主动的试错试验，而不是被动的失败反思，可以发现企业产品创新和经营活动中的潜在问题、发现客户的真实需求，具有主动性和前瞻性。被动错误学习与主动试错学习的区别如下表所示。

被动错误学习与主动试错学习的对比

	被动错误学习	主动试错学习
对错误的预期	尽量避免错误	错误不可避免
错误与绩效的关系	为了提高绩效，需要回避错误	为了提高绩效，需要识别错误
企业对错误的态度	排斥错误	容忍并鼓励发现错误
个体对错误的反应	自我保护，不公开错误	勇于试错，公开错误，让组织加速学习
从错误中学习的方法	事后总结	事前试验
从错误中学习的模式	单环学习	双环学习

北京学而管理咨询有限公司总裁、中国学习型组织网创始人邱昭良博士认为，复盘是移动互联时代快速学习应变之道，是一种行之有效的从过去经验中进行学习的一个方法。复盘原是围棋术语，是指下完一盘棋之后，把对弈过程重新摆一遍，从中分析得失、学习如何更好地对弈。复盘作为一种管理学习方法，在国内最早是由联想集团创始人柳传志先生提出的。柳传志认为，复盘可以用来考察一个人的学习能力，是选拔干部的重要参考标准。联想推崇复盘有四个理由：知其然并知其所以然；传承经验和提升能力；保证不再犯同样的错误；总结规律和固化流程。复盘指的是从过去的经验、实际工作中进行学习，帮助创新创业者有效地总结经验、提升能力。复盘与工作总结最主要的区别在以下三个方面：复盘是结构化的总结方法；复盘是以学习为导向的；复盘通常是以团队形式进行的。

创业学习能够引导你发现无数思路和商机，学习一些技能并知晓如何恰当地使用这些技能，可以激发你的创造力和潜力。创业学习会使你拥有专家型的创业思维与创业技能，为你实现梦想不断带来新的能量和动力。

▶ **重要概念**

奏效理论；企业家精神；精益创业；创业教育；创业学习；专家型创业者。

▶ **思考题**

1. 奏效理论的基本思想及原则有哪些？

2. 你认同奏效理论的基本思想及原则吗？为什么？

3. 企业家精神对创业成功有用吗？为什么？

4. 精益创业的核心原则有哪些？

5. 创业思维可以培养吗？你认为应如何提升自己的创业思维？

6. 要想在互联网环境下创业成功，需要具有什么样的思维模式？

第10章 创新创业的价值理念

学习目标

理解创新创业的价值创造的基本特征；

掌握社会创业的定义及内涵；

了解社会创业的基本特征；

理解社会价值的类型及特征。

▶ **引例**

"选择教育"组织

查理斯·贝斯特（Charles Best）通过"选择教育"（DonorsChoose. org）这个非营利性组织揭示了社会创业过程。刚满 24 岁的时候，查理斯在布朗克斯（Bronx）的一个经济萧条地区任高中历史老师。他经历了大多数教师在这些落后地区曾面临的困境：教室中缺少教学材料。他很快意识到这种情况将对学生以及像他一样的老师产生直接影响。

查理斯萌生了一个想法，创造一个既有益于教师和学生，也有益于满足捐赠者意愿的项目，是否可以解决这个问题。他首先明确了以下几点：

（1）"选择教育"这个机构致力于解决公立学校中学习资料和技能的缺失及不公平分配问题。我们认为这种不平等根植于下面几个因素：学习材料的短缺阻碍了全面和精心的学习指导；自上而下的学习资料分配方式影响了我们最好的老师，使他们没有信心为自己的学生寻找解决问题的方法；小额的直接捐款没能作为一种基金资源加以有效利用。

（2）"选择教育"将通过让市民参与在线市场的方式来改善公众教育。在这个在线市场上，通过教师描述，个人可以资助特定的教育项目。我们的愿景是，让每一个社区的学生都能获得他们所需要的学习资源。

为了达到这个目的，他创建了一个网站，可以向老师和学生们供应他们需要的材料。在这个网站里，老师们可以提交学生学习和练习所需要的材料和建议，潜在的捐献者可以浏览该网站并且选择一个感兴趣的项目来投资。该网站的功能之一是这些捐赠者能够搜到具体地区、学校、项目或者是要投资的钱数。除此之外，当一个项目被资助，学生们收到了并且使用了他们捐赠的详细资料后，捐赠者会收到学生和老师寄来的信和照片，并从中得知他们的捐款是怎样被使用的。

2000 年，"选择教育"诞生了。

在发展过程中，"选择教育"在接收的捐款数额、课堂项目支持数量和服务地区范围等各方面都保持了持续增长。它所产生的巨大影响可以通过多种指标反映出来。截至 2007 年 5 月 23 日，来自 50 个州的捐赠者捐赠的 12646212 美元已经送到了 565062 个学生手中。在这些捐赠者中，有 27438 个人对学生项目进行了 58978 次捐款。这种捐赠也鼓励了 6880 所公立学校中的 24315 名教师为他们的学生提交了 55225 个项目建议。在这些被提议的项目中，有 26303 个项目已经获得资助。

这个创业项目有一个目标，即"能够为美国所有的学校提供服务"。当这个目标实现的时候，"选择教育"就能够获得一个相对稳定的平衡状态，或者它可能会就融入另一个领域中。《新闻周刊》（Newsweek）的乔纳森·阿尔特认为：这种创意将社会公正、互联网和市场原则整合在了一起。虽然现在它的使命是城市教育，但是，我们没有理由怀疑"选择教育"将会延伸拓展到其他领域的公益事业当中。

"大众创业、万众创新"的持续深化，是以创新创业的价值创造与共享为导向的，而并非为了创新创业而创新创业。创新创业除了创造经济效益之外，在社会价值层面上同样要有所体现，这就需要我们充分认识创新创业的价值理念，树立新时期的创新创业价值观，从而为参与实践奠定基础。

10.1 创新创业的价值创造

10.1.1 知识经济下的创新创业活动

国内外相当一部分学者将美国从 19 世纪 90 年代起成为世界最强大经济体且经久

不衰的原因，归于其有深厚的创新创业文化。美国商务部知识产权官员戴维·卡普斯曾表示，创新是美国国家经济发展的基石，第二次世界大战后美国经济增长的75%来自产业创新和技术革新。福布斯网站发布的"全球创业观察"研究报告表明，2014年美国参与创业或经营企业的人数占到总人数的14%，其中25~34岁的人群中选择创业或者经营新企业的比例达到18%，这两项数据在欧美发达经济体中遥遥领先。2015年1月，李克强总理在瑞士世界经济论坛年会上强调，中国经济要发展，就必须开启"双引擎"，一是打造新引擎，推动"大众创业、万众创新"，释放民智民力，增进大众福祉，实现人生价值，推动社会纵向流动，促进社会公平正义。二是要改造传统引擎，重点是扩大公共产品和公共服务供给，补齐短板等。这是从国家战略的角度提出的新时期加强我国创新创业的举措，体现了国家对科技、制度、社会管理、商业模式等综合创新的重视，呼吁创业者在未来的创业过程中能更多地利用科技创新、制度创新、商业创新和社会创新实现各微观组织内部的变革与提升。

在知识经济背景下，国家间的竞争不再仅仅是经济的竞争，而是综合国力的竞争。若要保证国家的竞争优势长久不衰，就必须时刻把握经济发展周期性的特点，推动生产要素、投资、创新、金融的"全面创新"与深度融合。当前，中国经济面临结构性调整，创新将承担这其中重要的载体功能。首先，创新将推动中国社会改革的进程。如果每一次微观的创业活动都能获得某种程度的创造性成果，那么多个创新单元的集聚就将形成宏观上的创新，从而有助于市场经济改革、宏观政策调整等顶层设计的实现。其次，创新将有助于社会生产力的提升。提升针对技术体系和服务体系的创新，将有助于开拓新的市场需求，促进传统产业升级和新兴产业协调发展，将最大限度地释放和激发"科学技术作为第一生产力""创新创业作为第一驱动力"背后所蕴藏的巨大潜能。同时，创新拓宽了创业价值创造的道路，也能促进知识、技术以及市场机会更好地融合。

10.1.2 大学生创新创业的价值观

在当前我国大力倡导"双创"的宏观背景下，创新应定义为广义的创新意识和精神，创业同样不应被狭义地理解为就是"创立企业"，而是"面向社会需求创造性地从事自己的工作和事业"，即创新性的创业。创新创业除了具有创造经济价值的强大功能之外，还能够合理配置社会资源，有效解决社会问题，创造出更多的社会价值。

案例推送 ———•

> 工商总局数据显示，自国家提出"大众创业、万众创新"总体思路以来，2014年3月1日到2015年5月底我国新登记企业达485.4万户，平均每天新登记注册企业1.06万户。截至2015年3月底，全国个体私营经济从业人员达2.6亿人，比2014年年底增加861.2万人，个体私营人员数量持续快速增长。

（1）大学生创业的个人价值

大学生创业有利于充分发挥个人的专业知识和技能。创业过程的艰巨性和复杂性为大学生全面发挥自己的知识和才能提供了很好的平台。在这个平台上，创业者可以最大限度地施展自己的本领，发掘内在潜力，提升个人价值。

①大学生创业是实现就业的有效途径

创业不同于传统的就业方式，它为大学生就业提供了更多的选择方向和更大的发展空间，同时还为社会提供了更多的就业岗位。

②创业为所有人提供了公平的机会

不同于雇佣薪水的循序渐进，创业使人们拥有了无限的可能性，只要努力、有机会，创业者就可能快速拥有财富。对于许多创业者来说，创业所带来的经济回报不仅可以满足他们的经济需求、实现自我价值，还是个人成功的重要标志。

③大学生创业可以有效推动和促进他们职业生涯的发展

创业能够为大学生的职业发展奠定坚实的基础，有利于实现他们的职业目标，是提升大学生职业素质的有效途径之一。

（2）大学生创业的社会价值

①鼓励大学生创新创业是我国高等教育和人才培养的改革方向

高校不仅要培养就业型人才，还要培养创新创业型人才。高等教育不能局限于就业教育和择业教育，要全面推进创新创业教育。从长远看，创业教育的全面推进，有利于增加社会上创业队伍的数量和提高其整体素质，可以改变大学生传统的就业观念，增加大学生创业的信心，帮助大学生学习更多的创办企业的相关知识，提高大学生创业的成功率。大学生创新创业对解决社会就业、科技转化等问题具有重要意义，必将为我国经济结构的战略性调整和可持续发展注入不竭的动力。

②大学生创新创业是国家综合国力和科技竞争力提升的重要推动力

创新是时代进步、经济发展的灵魂，是国家兴旺发达的不竭动力。创业是实现知识和技术向高新产业和新兴产业转化的有效途径。大学生是最具创造力和创新能力的群体，是朝气蓬勃、奋发向上的青年代表。他们具备新知识、新理念，掌握新技术，是国家经济建设的生力军。鼓励更多的大学生参与创新创业，是推动我国经济高质量增长、提升国家综合竞争力的有效途径。

③大学生创新创业是适应当前大学生就业新形势的需要

大学生自主创业是知识与资本的充分融合，是大学生传统就业方式的最新补充，是缓解当前就业压力重要途径之一，是新形势下大学生就业的发展方向。

④大学生创新创业是新时代中国特色社会主义经济建设的重要内容

党的十九大报告提出"加快建设创新型国家"，明确"创新是引领发展的第一动力，是建设现代化经济体系的战略支撑"。国家鼓励以创业带动就业，支持高校毕业生等青年群体多渠道就业创业。在此背景下，大学生创新创业必然成为市场经济条件下推动经济发展的重要力量。

─ **案例推送** ────•

> 统计数据显示，2015年国家级大学生创新创业训练计划项目立项29339项，参与学生人数共计120345人，投入项目经费共计4.98亿元。首届中国"互联网＋"大学生创新创业大赛，累计有1878所高校的5.7万余支团队报名参加，提交项目作品3.6万余个，参与学生超过20万人，带动上百万高校学生投入创新创业活动，掀起了大学生创新创业的热潮。

10.2 社会创业的内涵体系

10.2.1 社会创业的定义

20世纪60年代"社会创业"这个词第一次在文献中出现，直到20世纪80年代早期，这个词在被比尔·德雷顿（Bill Dryton）采用之后才开始普及。尽管社会创业的研究最近有所兴起，然而研究者们还不能对这一概念的界定达成共识。比如，"社会创业"和"社会企业"这两个词有时被交替使用，容易造成混淆。为了解释多种类型的概念，我们在下表中提供了一些对"社会创业"定义的理解：

社会创业的定义

来源	定义
Leadbetter（1997）	社会创业是指利用创业的行为为社会目标服务，这些服务并不以获取利润为目标，而是针对特定的弱势群体
Mort 等人（2002）	社会创业是一个多维的构念，通过善良的创业行为达到完成社会使命的目的，具有识别社会价值和创造创业机会的能力，其关键特征是创新性、先进性和风险承担性
Shaw（2004）	社会创业是社区、志愿者、公共组织以及私人企业为整个社会工作，而不仅仅为了经济利润
Stern（2005）	利用创业的和商业的技能去创造新的社会问题解决方式的过程，它既要收获非经济目标，也应具有自我可持续性
Mair 和 Marti（2006）	社会创业是利用创新的方式整合资源实现社会价值目标的过程，通过探索和利用创业机会来促进社会变革和满足社会需求
Austin 等人（2006）	社会创业是在社会目标下进行的创新活动
Martin 和 Osberg（2007）	社会创业需要识别机会以创造社会价值，从而锻造一个新的、稳定的社会平衡，帮助和缩减弱势群体，建立一个稳定的系统以建设更好和更均衡的社会
Zahra et al.（2009）	社会创业包括通过一系列的活动和过程来发现、定义、利用机会来增加社会财富，可以通过创立新的实体，也可在现有的组织中实行新的创新模式

上述社会创业定义是建立在大量文献基础上的。社会创业的基本点是发现和解决社会问题，增加社会财富。在理论上，一是研究社会的公平公正，二是研究资源配置合理性与最优化。但在现实社会中，其实任何美好社会建设的人与事，特别是改善和提高一个社会中人的素质的人与事，都可以用社会创业的理论来解释。

从定义出发，一般而言，社会创业是指组织或个人（团队）在社会使命的驱动下，借助市场力量解决社会问题或满足某种社会需求。社会创业追求社会价值和经济价值的双重目标，目的是通过解决社会问题使我们的社会更美好，使社会朝着人们希望的目标改变。

10.2.2 社会创业的特征

社会创业有以下三大基本特征。

（1）社会性

社会性是社会创业区别于商业创业的显著特征。社会创业以解决社会问题为目的，社会问题的存在是社会创业存在的前提和土壤。在非社会企业的商业创业活动中，也可能会有诸如捐赠、采用环保材料等企业行为，但这些行为并不直接地面对社会问题。相反，社会创业源自发现一些未被解决的社会问题，直面没有满足的社会需求。解决社会问题是社会创业者的使命和终极目的，社会创业者是为解决社会问题，如雇用弱势群体人员销售公共产品和服务。社会创业主要受社会回报的驱动，其追求的是问题解决的社会影响最大化，以动员更广泛的力量投入社会问题的解决。在这一点上，它与商业创业的侧重点明显不同。一般而言，社会创业可能会促进社会产生一些或大或小的变革，社会创业必须要有显著的社会目标和社会愿景，而商业价值只是社会创业的副产品。

（2）创新性

创新性是创业者必须具备的显著特征和运营方式，也是社会创业的重要特征之一，社会创业必须用具有创新性和持续性的方式去使整个社会获益。现有社会福利系统的不完善是社会创业机会存在的原因之一，资源和情境性的限制成为政府和社会创业者实现社会收益的障碍。这要求社会创业者能够创造出新的方式，调动想法、能力、资源和社会力量，改善或弥补现有社会福利系统的不足。

（3）市场与价值性

社会创业需要借助而非抵制市场的力量，同样需要重视创业机会的识别、发现与开发过程。Mort 等人（2002）指出，识别社会价值和创造创业机会是社会创业的关键维度，社会创业包括通过一系列的活动和过程来发现、定义，利用机会去增加社会财富。社会机会起始于发现一些未被解决的社会问题，通过机会的评估与开发找到解决问题的新方法。当社会创业者把目前所存在的社会需求和满足这些需求的方法有机结合在一起的时候，他们就可能发现创业机会。

社会创业不以获取经济利益为目的，但以产生社会绩效为导向。它的社会性特征最直接的体现是创造社会价值，社会创业具有显著的社会目的性和使命驱动性。因此，社会创业者在社会部门中就扮演着变革的角色，而履行这一角色的手段就是选择一项使命去创造和维持社会价值。与商业创业相比，利润（经济价值）对社会创业来说显然是其中一个目标，但不是主要目标，经济价值是社会创业的副产品。创造与使命相关的社会价值的多少（而不是利润），是衡量一个社会创业者成功的主要标准。

除上述三大基本特征外，社会创业常常是很多因素相互或共同作用而产生的结果，它还具有一种综合性特征。例如，社会创业与商业创业经常是互相作用的，很多时候需要运用商业创业的模式做社会创业的事，尽管两者的侧重点或目标是不一样的。社会创业不仅需要结合经济因素，很多时候还要结合体制与机制、法律与法规等，实现社会创业的目的。社会创业是一项涉及创业学习、社会创新、非营利组织管理等众多领域和部门的研究活动，解决社会问题迫切需要一种跨部门协作的新型方式来实现。事实上，目前商业和公益事业之间的界限正逐渐被打破。

10.2.3　社会创业者的特征

社会创业者与商业创业者的核心差异不在于性格或能力，而在于创业的使命或说目的。社会创业者同样具有警觉性、外向性、对成功的渴望、风险承担倾向等特质。不同之处在于，虽然如今的社会创业者同样以商业的眼光看待社会问题，用商业的规则去解决社会问题，但是他们所得的盈余是用于扶助社会弱势群体，促进社区发展，他们重视社会价值多于企业能获得多少盈利。

除了同情心，社会创业者被认为还应该包含以下六大特质（Bornstein，2004）。

（1）乐于自我纠正

首先，任何一个创业项目都要经历不断试错和修正，社会创业者要敢于说"这是行不通的"或"我们的设想是错的"，既需要有冷静的头脑，也需要谦卑和勇气；其次，随着项目的不断成长壮大，社会创业者往往容易出现乐观和盲目的情绪，只有乐于自我纠正的社会创业者，才能够不断发展和进步。

（2）乐于分享荣誉

社会创业者与他人分享的荣誉越多，就会有越多的人愿意帮助他们。当社会创业者不在乎荣誉会归谁时，他能获得的成就是没有限度的。对社会创业者来说，乐于分享荣誉是通向胜利的必由之路。

（3）乐于自我突破

社会创业者可以通过改变现存组织的方向来进行变革。社会创业者面临的现实和理想之间的较大差距，使得他们必须突破自我，超越自身领域的边界去看待事物，从而发现解决社会问题的方法和手段，并能去试验和推广新想法。

（4）乐于超越边界

社会创业者要摆脱那些传统概念的束缚，以新的方式组合创业资源。面对一些整体的系统性问题，社会创业者要超越边界，将不同领域、有各种各样经验与技能的人们召集在一起，创建可行的解决方法。

（5）乐于默默无闻地工作

许多社会创业者花费几十年的时间，坚持不懈地去实践他们的理想，他们以一组或一对一的方式去影响他人。一个人必须具有非常纯粹的动机，才能长久地甘于寂寞，去实践一种理想。社会创业者必须是那些愿意花费时间去寻找地点和机会，以期对重大进程产生影响的人。

（6）强大的道德推动力

与商业化的企业家行为相比，道德准则是社会创业的基石。在讨论社会创业者时，如果不考虑其动机的道德性质是没有意义的。道德的推动力可以鼓励他们、帮助他们做需要做的事情，从而使社会不断发展。

在上述六种特质中，创业者的道德品质被认为是一名社会创业者所必须具备的品质，也是其他一切品质的基石。即使一名创业者具备超强的创新性、整合资源能力，倘若其动机不纯、不正，没有强烈的社会使命感和责任感，那么他的所有成就对社会而言就是微不足道的。

10.3　社会创业的价值实现

10.3.1　给区域发展带来直接价值

社会创业的直接价值兼顾社会和经济两方面。其中，直接价值主要包括缓解社会问题、创造就业机会、创造收入和社会财富三大方面。

（1）缓解社会问题

总的来说，社会创业的过程是由那些为履行社会使命而建立的组织所构成的，其创造的社会价值是社会创业活动的主要成果。因此在一个地区中，社会创业所带来的最直接的好处就是可以解决一些社会问题。例如，为解决创收问题，以社区为基础的社会企业一直在发挥着必不可少的协调与促进作用。另外，对于一些社会企业来说，资源流动并不是基于市场标准的，而是为了担当更多的社会责任。例如，社会企业经常会雇用某些弱势人群，如残疾人、下岗失业者等。

（2）创造就业机会

虽然社会创业过程中最主要的人力资源是自主创业者，但它们还需要聘请全职员工，以更好地完成其核心业务和那些需要投入更多资源与精力的工作。一项涉及 35 个国家的实证研究显示，非营利组织累计给社会提供了 3950 万个全职职位。仅在德国，社会企业就提供了 190 万个就业岗位，占劳动人口总数的 6.5%，这在一定程度上能够弥补传统商业部门吸纳就业人员能力下降的不足。

（3）创造收入和社会财富

商业创业往往是以自我欲望为核心因素产生的，如积累财富和个体经营（自雇主），而社会创业往往是在集体的愿景导向下产生的，如资源共享与社区发展等。社会企业通过其产品、服务和方案创造收入，反过来，这些服务和产品也会使客户和受益人的财富不断增加。

10.3.2　给区域发展带来的间接价值

（1）提高公民素质

社会创业的本质追求是整个社会的进步。社会创业的本质是为了创造社会价值，而经济价值只是社会价值的一部分。无论是社会进步、社会价值创造还是美好生活的蓝图，其中最关键的因素是人。人的素质的整体提高，公民素质的整体改善，是社会创业的最大意义所在，社会创业的作用就在于此。在经济社会发展过程中，价值观缺乏核心内容、利益分配不公正合理、贫富悬殊太大、人际关系恶化等，都会影响公民素质的整体提高，甚至产生一定的社会道德危机。社会创业可以引导更多的组织和个人重新审视我们赖以生存的社会和我们所面临的种种社会问题，培养公民的社会责任感和使命感，着力于解决社会发展过程中出现的社会问题。

社会创业涉及的教育问题主要有两个方面。一是过往的研究已经证实，对贫困人群加强教育，会对他们的创业意向和创业成功起到帮助作用。目前有许多教育项目通过教授创业知识，使当地居民做到自我雇用、发现创业机会乃至创造创业机会。在我国的欠发达地区，可以引导一些社会企业扶贫与职业教育相结合，鼓励职业院校和技工学校招收贫困家庭子女，以确保贫困家庭劳动力至少掌握一门致富技能，实现靠自我雇用脱贫。有能力的社会企业家或精英创业者也可以创造创业机会，引领贫困人群实现创业（斯晓夫等，2016），这方面诸如我国的"淘宝村""淘宝县"的做法就有一些值得借鉴的地方。二是社会创业不仅可以以教育促进创业，还能提供其他一些服务，例如，社会创业是否能创新性地解决留守儿童的问题，解决山村学校教师短缺的问题，这些都值得我们去探索、思考与创新。

（2）构建和谐社会

社会创业的重要价值与重要意义之一是推动构建和谐社会。社会创业的和谐社会建设涉及很多因素，但最重要的因素还是坚持以人为本。通过社会创业的和谐社会研究发现，不和谐的根源在于社会问题较多，如环境污染问题、弱势群体问题、就业问题、人口老龄化问题、教育问题、食品安全问题等。这些问题无一例外地需要寻求新的方法和途径来有效解决，而社会创业与社会创新能很好地解决商业与公益、经济利益和社会价值之间的矛盾，这正是构建和谐社会所需要的创业与创新范式。例如，社会福利机制的形成与完善，如何通过社会创业来动员社会资本以解决社会问题，社会创业提供了构建自主性福利模式的有效途径。自主性福利模式是相对被动型福利模式而言的。自主性福利模式鼓励服务对象主动对自己的生活负责，而不是把福利当成一种权益，使社会福利最大限度地关注低收入人群，而不是帮助懒人。并且主张通过社会创业来动员社会资本以解决社会问题，这样可以使弱势群体直接参与价值创造，也可以使受益者成为社会创业的积极参与者，进而有效推动自主性福利模式的构建。

（3）社会与经济共生共长

社会创业不是与商业创业相对立的，社会创业在解决社会问题和促进社会变革的同时，一个很重要的功能与目标是刺激经济发展。在社会创业最为发达的英国有一个统计数据，英国5.5万个社会创业企业每年营业额达270亿英镑，并对GDP产生84亿英镑的贡献，大约占英国GDP的1%。目前，这一数字正呈上升趋势。而且由于社会创业有显著的"社会性"特征，它在推动经济发展上不符合边际报酬递减的经济规律。因此，社会企业创造的经济价值（金钱）的边际效用比商业企业要高。这在一定程度上对推动社会经济的发展具有更强的可持续性，社会创业企业将在促进社会及经济发展中发挥着越来越重要的作用。另外，创业有生存性创业与创新性创业之分，对很多发展中国家而言，生存性创业属于地区和经济发展的重中之重。生存性创业是国家或组织通过创业的方式帮助底层劳动者得到就业机会，体现了一个国家社会经济的共生共长。从发达国家的情况看，社会领域的创业也是解决就业的重要途径之一。有研究显示，社会创业在推动经济发展的同时，能为社会创造现实的就业机会，增加有价值的产出。大多数参与人员在社会创业过程中获得了更多的技能，变得更加独立自主。中国改革开放40年，最伟大的成就是将原来7亿左右的贫困人口减少到几千万。通过社会创业与商业创业相结合的途径帮助底层劳动者得到就业机会，是世界公认的有效解决贫困问题的中国方案之一。因此，鼓励发展社会创业，不但能吸引更多的人参与公益，也可以通过社会创业创造就业岗位，帮助更多的人实现就业，进而进一步发展经济，使社会创业与商业创业有效结合，实现社会经济共生共长。

（4）建设美丽乡村

新生代农民工在国家推进美丽乡村建设的背景下，和从农村走出去的大学生群体一起，将成为农村社会创业的生力军。他们可以返回父辈生活的农村，通过接受地方政府提供的创业教育，提高自身创业能力和素质，开展创业活动。"新生代农民创业者"所能开展的创业活动在时代背景下势必层出不穷。例如，互联网背景下的电子商务社会创业，这类创业可以依托本地农产品资源，积极开展农村电商创业，推动本地农产品的流出；又如，在美丽乡村背景下，"新生代农民创业者"可以积极开展农家乐休闲旅游项目，靠着好风景好空气，成为生态"房东"。

我国很多地方建设实践证明，农民创业与社会创业以及美丽乡村建设是密切相关的。例如浙江农村，这些年的城市化建设不仅缩小了城乡差别，也没有出现年轻人大量离开农村到外地打工的情形，绿水青山在浙江农村依然到处可见。浙江这种经济与社会创业兼顾的模式对我国其他一些省份应该是有借鉴作用的。向世界分享这些浙商创业的经验，也是中国对世界在创业理论与实践方面的贡献。

▶ **重要概念**

价值理念；知识经济；社会创业内涵体系；社会创业特征；价值创造与共享。

▶ **思考题**

1. 如何理解创新创业的价值创造？
2. 社会创业内涵体系的基本内容是什么？
3. 社会价值与共享经济的联系与区别是什么？
4. 社会创业对推动区域发展的作用和意义是什么？

第11章 高校创新创业教育与实践

学习目标

了解高校开展创新创业的教育理念；

了解高校开展创新创业的具体实践。

▶ 引例

《2016 中国大学生创业报告》

《2016 中国大学生创业报告》由中国人民大学创业学院和商学院联合编纂发布。该报告基于一项覆盖全国 31 个省（市、区）1767 所高校的 43 万多名在校或刚毕业大学生的大规模问卷调查，结合回归分析、案例分析、大数据分析等研究方法，对中国大学生创业现状、成就和面临的挑战进行了全面深入研究，是我国第一部关于大学生创业教育与创业实践的全景式研究报告。

该报告认为，我国高校双创教育的产生与发展历程，大致经历了四个阶段：创新创业教育的引入试点阶段（1998～2002 年），创业教育与职业发展的对接阶段（2002～2008 年），支持国家双创战略、双创教育的全面实践阶段（2008～2012 年）和扎实推进双创教育深度发展的实践阶段（2012 年至今）。在国家鼓励"双创"的大背景下，国内各大高校积极深化创新创业教育改革，并已经取得了显著的成绩：基于"平台型创业学院"整合相关资源成为实施"双创"教育的新探索，"双创"教育与科技产业园孵化联动模式给大学生提供了更接近真实创业实践的体验，一些专业学科优势明显的高校还开发出了"专业纵深化、产教协同性"的创业实训模式等。总体来看，高校创新创业教育实践为我国创业教育的总体生态系统注入了巨大活力。

调查结果显示，有89.9%的在校大学生考虑过创业，18.2%的学生有强烈的创业意向。在参与调查的43万余名学生中，约12万人正在创业或曾有过创业经历；餐饮、农业、信息产业、运输、教育、文化等行业是大学生创业的主要领域，其中超2万名创业者集中在住宿、餐饮和农、林、牧、渔行业，占比近28%；近九成大学生认为高校创业教育对创业活动有一定的促进作用，"优先转入与创业项目相关专业"成为最受大学生欢迎的创业鼓励政策。

"大学生的创业意愿是远高于我们想象的，参与调查的43万大学生中有创业意向的近九成，正在创业或有创业经历的大学生近三成。"在中国人民大学商学院院长毛基业看来，高校创业教育正向促进了大学生的创业意愿，高校的创业课程、创业平台、扶持政策等有力地激发了大学生的创业热情。

为深入贯彻党中央、国务院关于做好大学生创新创业工作的重要决策部署，落实《国务院办公厅关于深化高等学校创新创业教育改革的实施意见》（国办发〔2015〕36号）要求，积极发挥典型引领作用，推动全国高校进一步将创新创业教育改革作为深化高等教育综合改革的突破口和重中之重，不断增强学生创新精神、创业意识和创新创业能力，有效提升创业指导服务工作质量和水平，推动毕业生更高质量创业就业，教育部于2016年、2017年进行了两轮"全国创新创业典型经验高校"的评选工作，经过学校总结、推荐申报、专家初选、社会调查和实地调研等环节，评选出了"全国创新创业典型经验高校"。在认真调研、学习的基础上，按照中央部门所属高等院校、省属高等院校、高职高专院校三个层次，我们选编了三所在创新创业教育和实践领域有显著特色的优秀高校供读者学习。

11.1 教育部直属高校——以清华大学为例

清华大学历来高度重视学生职业发展工作，认真贯彻落实党中央、国务院各项部署要求，以推进世界一流大学建设和服务国家战略需求为根本目标，以"专业化、精细化、信息化、国际化"的"四化"建设为工作理念，支持和鼓励学生把个人职业生涯科学发展同社会需要紧密结合起来，让学生在学校形成"立大志、入主流、上大舞台、成大事业"的职业价值观，不断提升就业工作质量。

在创新创业工作方面，清华大学高度重视创新创业教育与学生创新能力的培养，1988年首次将创业计划大赛引入了国内大学校园，大力开展制度化和常态化的创新创业实践活动，不断探索创新创业教育在创新型人才培养中发挥的作用，不断深化学校、社会、企业和政府在创新创业方面的合作，逐步构建起了以创新创业的"启蒙—课程—赛事—实践"为内容，以"全过程累进支持、全方位匹配资源、多方协同支持、强化实践训练"为机制特征的创新创业工作体系。

11.1.1　成立"中国高校创新创业教育联盟"

2015 年 4 月 15 日，在教育部的指导和支持下，清华大学发起并成立了"中国高校创新创业教育联盟"，得到了国内众多高校和相关企事业单位、社会团体的积极响应。2015 年，清华大学举办首届全国创新创业教育论坛，围绕创新创业教育模式、创新人才培养机制等前沿问题展开深入研讨。"中国高校创新创业教育联盟"联合各成员单位共同研讨创新创业教育的理念、方法和体制机制，扎实推进全国高校开展多样化、多层次的创新创业教育合作，实现资源共享、协调发展、共同提高，共同引领我国的创新创业教育发展，加快培养规模宏大、富有创新精神、勇于投身实践的创新创业人才队伍，不断提高高等教育对"稳增长、促改革、调结构、惠民生"的贡献度，为建设创新型国家、实现"两个一百年"奋斗目标和中华民族伟大复兴的中国梦做出了贡献。

11.1.2　构建多元合作创新创业生态系统

清华大学确立了深化综合教育教学改革的总体目标和主要思路，秉承实践育人传统，以创新创业教育改革为抓手，大力推进创新创业工作，协同建设"创意、创新、创业"紧密结合的"三创"平台，不断完善"三位一体、三创融合"的创新创业教育体系，努力培养学生的首创精神、企业家精神和创新能力，提升学生综合素质及人才培养质量，依托教务处、研究生院、校团委、基础工业训练中心和学生职业发展指导中心等学校职能部门，通过高效的就业工作体系充分调动各院系，广泛联系校友会、基金会、校企集团及清华科技园等外部性资源，深化与地方政府的合作交流，突破性地构建起覆盖启蒙、训练、实战、落地的全过程创业教育体系和多元合作的创新创业生态系统。目前学校已经建立了创客空间（icenter）、创新实验室（x-lab）、学生未来兴趣团队、"创＋"创业孵化平台等多个"三创"教育平台。

11.1.3　开展线上双创教育

清华大学积极运用现代教育技术开展双创教育。2013 年 10 月 10 日，清华大学发起了国内第一个中文慕课平台"学堂在线",向全球提供在线课程。2015 年 3 月 24 日开通"中国创业学院"频道,推出系列创业在线课程,首批 20 余门课程全部上线,成功探索出双创教育混合式学习的新模式。中国创业学院 2016 年新建设 50 门双创慕课,引进 20 门优质国际课程,当年年底已服务约 100 万学习用户。通过现代信息技术,慕课平台为创业者提供了更便捷、更具影响力、更大规模的创新创业教育。

11.1.4 打造"四个课堂"

清华大学大力加强对具有创业意向和创业潜质学生的培养,不断更新培养计划,全面提升课内外和国内外四类课堂的挑战度。

建设具有挑战性的"第一课堂"。在传统创新创业课程模式基础上,围绕全球范围极具挑战性的问题重点建设具有挑战性的课程,以小班授课形式建设了 15 门挑战性学习课程,形成了在课程实践中学习的教育教学理念。

实施 SRT(学生研究训练计划)等以各类科研训练计划为主的"第二课堂"。拓展设立 SRT 挑战杯专项、SRT 暑期社会实践专项和国际 SRT 项目,构建本科生创新能力培养、全球视野提升和价值塑造的综合育人平台。累计立项 1.6 万余项,逾 3 万人次参加。

建设实习实践基地,落实校外实习的"第三课堂"。现已建设 20 个校级本科生校外基地、5 个北京市级校外人才培养基地、7 个国家大学生校外实践教育基地、14 个国家教育中心。

开展海外研修,构建提升学生国际视野的"第四课堂"。学校鼓励学生放眼世界著名高校,在国外和校内导师的共同指导下完成高水平的创新性研究训练。

11.1.5 开拓国际优质教育资源

清华大学积极开拓国际优质教育资源,构建多元合作的创新创业生态系统,以提升研究生创新创业的意识和能力。

2015 年,清华大学、美国华盛顿大学和微软公司合作创建全球创新学院(globalinnovation exchange institute,GIX),这是一个以跨国跨学科、跨界融合为特色的高等教育和研究平台。学院师资不仅包括两校信息技术、设计、创新领域的优秀学者,还包括来自企业的研发人员、市场人员及投资者。学院致力于培养全球经济发展和科研创新急需的优秀人才。中国国家主席习近平访美期间曾专程来到全球创新学院并赠送水杉,祝福两校友谊长青,祝愿 GIX 茁壮成长。

"清华—帝国理工学术与职业发展博士生暑期项目"由清华大学、英国帝国理工学院和英国首相计划行动共同资助实施，项目实施的目的是整合双方学术与职业技能培训资源，提高博士生学术与职业发展相关技能；加强双方博士生和导师的联系，提高博士生的就业创业意识、规划力和领导力。

11.2 省属本科院校——以青岛理工大学为例

青岛理工大学以立德树人为根本任务，以提高人才质量为培养核心，坚持"全面覆盖、分层培养、协同推进、强化实践"的创新创业工作理念，构建了"教育教学—实习实训—实践孵化"三位一体的创新创业工作体系，坚持创新引领创业、创业带动就业的方针政策，为社会培养创新创业能力较强的应用型高级专门人才。

11.2.1 地方高校创新创业工作发展之路

创新创业人才培养是大学的时代使命。作为中国高等教育学会创新创业教育分会副理事长单位，青岛理工大学先行先试、积极探索并扎实推动大学生创新创业工作。

2004年，青岛理工大学开启创新创业人才培养探索之路，成立大学生创业教育领导小组，专设大学生创新创业教育指导中心，全面开展创业教育与研究工作。2007年，学校获批山东省高校大学生创业教育研究基地。2009年，创新创业人才培养全面展开，学校获批教育部质量工程项目"地方院校'六纵十横'体验式创业教育人才培养模式创新实验区"，成为创新创业工作快速发展的重要里程碑。2013年，学校积极探索创业孵化实践的新模式，促进创新创业教育与实践孵化的紧密融合，成立创业孵化基地管理委员会，全面推进创业孵化基地建设。2014年，学校创业孵化基地获批山东省大学生创业孵化示范基地。2015年，学校通过山东省大学生创新创业教学示范中心建设项目立项。2016年，学校在创新创业教育工作方面取得多项成果：7月，学校荣获全国"首批50所创新创业典型经验高校"；9月，学校"意联创客空间"获批科技部"国家级众创空间"；11月，学校"意联科技企业孵化器"获批青岛市科技企业孵化器（省级）；12月，学校获评教育部"首批深化创新创业改革示范高校"。2017年3月，学校获评"全国大学生创业示范园"（山东省唯一一家）；12月，学校获评"全国深化创新创业教育改革特色典型经验高校"。学校创新创业工作体系日臻完善，成为学校的一个知名品牌。

青岛理工大学"十三五"规划将应用型创新人才作为人才培养目标，出台创新创业教育改革实施方案，建立齐抓共管的联动协调机制。学校党委常委会专题研究创新创业工作，定期召开招生与就业委员会会议、就业创业工作会议，有效推动了创新创业工作的开展。

11.2.2 理工特色的创新创业人才培养模式

（1）高标准、新机制，培养学生创新思维与创业意识

①优化培养方案，将创新创业教育贯穿人才培养全过程

学校结合山东省特色名校建设与学分制改革，修订人才培养方案，新增创新实践学分，将创新创业教育贯穿人才培养的全过程。学校以教育部人才培养模式创新试验区项目为依托，以电子商务、机械设计制造及其自动化等作为试点专业，修订完善了"创业版"人才培养方案。以人文学院广告学专业学生为基础组建创业实验班，通过创业模拟、创业体验、创业竞赛等多种方式全面提高学生的创新创业能力。

②健全课程体系，创新创业教育与专业教育有机融合

学校以促进创新创业教育与专业教育有机融合为切入点，构建起由通识课平台、基础课平台、专业课平台及实践教育平台组成的课程体系。在试点专业的专业教育中，设置创业实务、专业创业等专业必修课，通过教学主渠道对学生进行系统的创业理论与知识教育，加强专业课程与创业课程的交叉融合。调整专业培养课程设置比例，增加创新创业类课程比重，开设"创业基础"等必修课程；通过课程立项等方式，建立起"创业管理实战"等40余门必修与选修相结合的创新创业课程群；引入尔雅教育平台和智慧树网络教育平台，形成线上线下有机结合的课程体系。学校编著出版了《大学生创业教育》《大学生创业教程》《大学生创新实践指导》等多部教材，在多所高校推广使用。其中《大学生创业教育》曾获山东省教学成果（优秀教材）一等奖、中国高等教育学会第七次优秀高等教育研究成果专著类优秀成果奖。

③激发学生自主性，改革学籍管理、教学方法与考核方式

创新教育教学方法，倡导启发式、探究式、讨论式、参与式、翻转课堂式教学，建立第一课堂与第二课堂、集中授课与日常指导、校内指导与校外实践、线上与线下四位配合的教学模式。实行弹性学制、双专业主辅修制等学籍管理与教育机制，提高和扩大学生进行创新创业知识学习与实践的自主性、选择性。弹性学制延长3～4年，学生因创业等原因需要中断学业可办理"休学"手续。建立创新学分认定与转化制度，鼓励学生通过社会实践、发明创造、科技竞赛等获取创新学分或奖励学分，通过认定后可获得最高4学分的创新实践学分，超出部分可充抵学科选修课或通识类选修课的学分。在毕业实习、设计（论

文）环节，结合工程背景坚持"真题真做"，加强学生的创新能力训练。

④内育外引相结合，加强师资队伍创新创业教学能力建设

坚持内育外引相结合，配齐富有创新创业精神和能力的高素质"专、兼、聘"创新创业师资队伍。打造由有工程背景的专家名师、获得国家职业指导师等资格的教师、成功创业者和风险投资人等 100 余人组成的专业创新创业师资队伍。坚持全员育人理念，通过岗前培训、课程轮训、骨干研修、行业企业挂职锻炼等途径，提升教师创新创业教育的意识和能力，使其成为创新创业理念的普及者，知识的传播者，实践的参与者、指导者、服务者。深化人事分配制度改革，制定教师管理规范，完善专业技术职务评聘和绩效考核标准，建立定期考核、淘汰制度。

（2）分层次、多举措，提升学生创新精神与创业能力

①资源协同，打造多元创新实践平台

一是实验教学平台。充分发挥国家地方联合工程研究中心、教育部省部共建重点实验室等 38 个国家、省部级重点实验室以及 30 余个校级公共基础与专业实验室的资源优势，面向学生开放，这对学生创新能力的提升起到积极作用。二是创新创业训练计划平台。完善创新创业实训教学体系，促进项目落地转化，学校现有获批国家级大学生创新创业训练项目 126 项。三是实践基地平台。学校基于产、学、研等多种合作模式，合作建立了 300 余个校外实践教学与就业创业实践基地，其中国家级大学生校外实践教育基地 1 个、国家级工程实践教育中心 3 个。

②机制联动，培养提升创新创业能力

建立以"挑战杯"课外学术科技作品竞赛和"创青春"创业大赛为龙头，以数学建模大赛、电子设计竞赛等专业赛事为依托，创新竞赛、科普活动、学术论文、发明专利四位一体的创新能力培养体系。鼓励具有创业意向和潜质的学生参加创新创业模拟训练，引导学生参加创新训练项目、学科竞赛、发表论文、获取专利和自主创业等更深层次的创新创业实践活动。近三年，各级创新创业竞赛荣获国家级奖项 310 余项，省部级奖项 720 余项。

学校年投入 200 万元举办创新创业与学科竞赛，投入 50 万元作为科技创新立项专项资金，另设创新创业奖学金、科技创新单项奖学金，扶持、奖励学生创新创业实践。在教师职称评定、岗位竞聘、绩效考核等方面，将创新创业工作业绩列为重要指标，以提升教师指导学生创新创业活动的积极性。在研究生推免、先优评比、奖学金评定等环节，优先推荐创新创业能力突出的学生。

（3）搭平台、促孵化，培育创业先锋与创业企业

①创新探索，完备创业实践孵化平台

学校以培养创新创业人才为出发点和落脚点。结合办学定位和学科特色，以学科专业发展、科技成果转化、服务社会为导向，统筹规划孵化平台建设。2008 年，学校建成校内创业实训平台——"儒行天下"网上商城；2009 年获批青岛市高校毕业生创业孵化基地青岛理工大学基地；2014 年获批山东省大学生创业孵化示范基地；2015 年获批青岛市科技孵化器、青岛市众创空间。目前，学校已建成校内 13618 平方米的创业孵化基地，与山东省大学生创新创业教学中心、科技孵化器等形成衔接补充的众创空间，成为培养创新创业人才的"实验室、制高点、辐射源"。

②高效规范，构建运营服务保障体系

建立健全运行和保障机制。出台《创业孵化基地管理办法》《创业基金管理办法》等制度文件及实施细则。构建学校、学院、创业者协会三级管理服务体系，给创业团队和企业提供分层次、精细化管理服务。建立"进—管—帮—出"的综合管理服务模式，为入驻企业（团队）提供全方位指导服务。组建"双导师队伍"，聘任百余名校内外具有创业经验的成功人士，为创业者持续提供技术、心理、管理等方面的指导服务。提供资金保障，设立创业基金和专项资金，为创业企业（团队）提供资金支持。实现过程跟踪，贯穿项目申报、档案管理、评审入驻、培育指导、项目对接、日常运营、企业注册的全过程。开设宣传窗口，设立学报专刊、创业信息网、青报网记者站等平台，加强政策和项目宣传推广、创业典型与事迹跟踪报道。为保障入驻企业规范运行，孵化基地提供政策咨询、技术指导、项目开发、跟踪扶持等"一条龙"服务和代办工商注册等手续的"一站式"服务。

③学科引领，培植科技创业团队

学校积极发挥土木、机械、环境等学科和人才优势，按照行业类别和学科专业，构建起土木工程、机械制造、环境能源、电子商务等 10 个特色孵化区，打造特色众创空间和科技孵化器。积极扶持学科专业创业和跨学科创业，大力推进科技创新成果转化创业，深入挖潜"导师＋团队"模式创业。近两年共培育项目团队近 200 个，目前在孵项目团队 51 个，其中结合学科专业的项目比例超过 90%。如高炉煤渣余热回收项目团队研发的相关成果获国家科技进步二等奖，国家专利 20 项，技术成果已在济钢、莱钢以及青钢集团获得推广应用，每年回收利用余热 20 万吨标煤，减排二氧化碳 60 余万吨。

④以市场机制为保障，孵化规范化创业企业

遵循市场运行规律，学校成立"青岛理工创业服务有限公司"，代表学校持有知识

产权和无形资产股份，孵化按照现代企业制度管理运营的规范化企业。孵化基地创业团队依托创业服务有限公司为社会提供服务，开展经营活动。成立会计服务中心，为入驻注册企业提供代理记账和财务服务。引进"青岛启迪投资有限公司"，为创业企业和团队提供融资支持。

11.2.3　双创提升就业质量

经过多年探索，青岛理工大学创新创业工作示范作用日益显现，毕业生就业质量逐年提高，社会影响力不断提升。

学校始终把就业创业工作作为头等大事，把提高学生实际签约率和就业质量作为重要"民生工程"，将创新创业教育贯穿人才培养全过程，这不仅提升了学生的创新精神与创业能力，而且提高了学生的就业率和就业质量。

学校创业教育研究与实践工作得到国家和省市主管部门的充分肯定。省市领导先后来校调研创新创业工作，普遍认为学校走出了高等学校建设创业孵化基地的新模式。中央电视台、《中国教育报》、新华网等多家媒体对学校创新创业工作的典型做法和成功经验进行了百余次报道。其中，《中国教育报》和中国创新网以"创业带动就业　创新孵化梦想"、山东省教育厅以"秉持'五个以'理念孵化学生创业梦想"为题对学校创业孵化工作进行了专门报道。近年来，百余家政府机构、高校和企业来学校参观考察，学校先后5次在全国及省市创新创业工作会议上做典型经验交流。

近年来，学校荣获全国青年创业教育先进集体、全国青年就业创业教育年度先进集体、全国高等学校创业教育与实践先进单位、共青团中央"大学生 KAB 创业教育基地"、山东省高校大学生创业教育研究基地、山东省大学生创业孵化示范基地、山东省大学生创业教育示范院校、山东省大学生创新创业教学示范中心、山东高校创新创业示范基地、青岛市优秀大学生创业孵化基地、青岛市十佳创业孵化器等荣誉称号。

11.3　高职高专院校——以浙江工贸职业技术学院为例

浙江工贸职业技术学院是一所省属公办院校，地处温州。学院多年来致力于建设创业型高校，积淀并形成了浓厚的创新创业校园文化氛围。学院现设有 31 个专业，全日制高职学生 11000 名，近年来学生就业率始终保持在 98% 以上。根据浙江省教育评估院公布的调查数据，学院连续 2 年获得浙江省高职高专毕业生职业发展和高校人才培养质量第一名。

2009 年开始，学院先后建立了浙江创意园、温州知识产权服务园、省级外包服务示范园三大园区。学院以三大园区作为重要载体深化产教融合，形成了园区化产教融合的创新创业人才培养模式，取得显著成效。2010 年，学院当选教育部高等学校创业教育指导委员会副主任单位。2013 年，学院被评为全国高等学校创业教育研究与实践先进单位。国台办授予学院"海峡两岸青年创业基地"称号，国家知识产权局授予学院"国家中小微企业知识产权培训（温州）基地"称号。

11.3.1 构建"分层分类"的创新创业教育体系

"2＋1"创业试点教育，即第一学年和第二学年学生在所在院系学习专业课程，第三学年转入创业学院接受创业专业（按创业方向分班）教育。学生在第二学年第二学期结束前报名，第三学年所学课程和学分可替代原专业培养方案规定的课程和学分，创新创业实践和创新创业项目可以替换毕业实习和毕业设计。

"分层"包括创新创业普及教育、通识教育、"2＋1"试点教育和实践教育四个层次。学院面向全体大一学生开展创业普及教育，并将其作为公共基础课列入培养方案，计 2 个学分；面向全体学生，结合专业教育开展创业通识教育，纳入全校通识教育体系，计选修课学分；面向具有创业意向的学生开展"2＋1"创新创业教育改革，选拔学生进入"2＋1"创新创业班学习，实行创新创业学分替换；面向有创业项目的学生开展创业孵化帮扶，有创业项目的学生进入大学生创业园、三大园区和专业实训场所进行创业孵化，配备创业导师，替换顶岗实践学分。

"分类"是指通识教育阶段按专业类别，根据学生学习兴趣，结合专业开设不同的创业和创客教育课程；"2＋1"创新创业教育阶段，根据学生创业意愿的不同，开设网络创业、文化创意创业、科技创业、巾帼创业、瓯厨艺术创业及泵阀设计创业六个专业。鼓励学生结合所学专业、自身技能及创业意向，选择进入不同的专业班学习，以满足学生个性化学习需要。每个班级按不同的教学标准、教学内容来实施教学，实践阶段根据不同的创业项目配备不同的创业导师。

11.3.2 园区化众创空间，提升了创业孵化帮扶能力

（1）搭建园区化众创空间平台

经过多年建设，工贸学院众创空间功能不断完善，组成了"'四创'核心圈＋服务圈"的架构。"四创"核心圈包括创业学院、创客空间、创业孵化园和浙江创意园，主

要是构建涵盖创意、创业全过程的服务体系。服务圈主要为创新创业者提供风险投资、网络、场所、知识产权、创业指导、人才、中介等创业全要素服务。发挥众创空间的政策集成和协同效应，实现创新与创业相结合、线上与线下相结合、孵化与投资相结合，为大学生创新创业提供良好的工作空间、网络空间、社交空间和资源共享空间。工贸众创空间 2015 年被评为温州首批市级众创空间，2016 年被评为浙江省优秀众创空间、科技部国家级众创空间。

（2）完善创业融资服务平台

由学院与温州市科技局共建的温州风险投资研究院，主要为学生的创新创业提供天使投资、风险投资等融资服务，并定期举办资本"相亲会"，实现大学生创新创业项目与资金的有效对接。

学院成立学生创业扶持基金（每年提供 100 万元），采用创业模拟银行运作模式，给在校大学生提供创业扶持资金，帮助大学生解决创业中遇到的融资困难。创业模拟银行实行虚拟组织、实体化运作，同时也是金融管理与实务专业的实践教学平台。

（3）培育知识产权一站式服务平台

学院建立的温州市知识产权服务园，为大学生的创新创业提供有关知识产权的"一站式"服务，如专利申报、商标注册、质押贷款、维权服务等。2013 年，经温州市政府批准，学院与温州市科技局联合创建了温州知识产权学院，为培养知识产权经营管理实务人才、服务大学生创新创业工作发挥了显著作用。

学院成立台湾青年创业就业服务中心，为台湾青年来温州创业就业提供全方位服务。一年多来，服务中心组织近 1000 名台湾青年通过各项体验式交流活动了解温州，对接台湾青年创业项目近 40 个，部分项目已落地温州。服务中心以创新创业为主题，促进了两岸青年的交流。

11.3.3　园区化"现代学徒制＋创业导师制"

"老板即导师"指聘请园区 35 名企业家担任学院创业导师，兼职授课、讲座，并与学生创业团队一对一结对服务。"老师即老板"指学院 12 名老师到园区自主创业或到企业挂职，提升自身实践能力。院、园人员的双向交叉流动，实现了双重身份的自然转化。

工作室探索实施了"现代学徒制＋创业导师制"的创新创业培养模式。"现代学徒制"通过挑选优秀学生，主要培养学生的瓯塑技艺，学生课余时间跟随老师学习、辅助教学，在老师的指导下生产作品，经过半年至一年的培养，可以独立完成具有一定水准的作品。

▶ **重要概念**

创新创业教育；创业生态系统；众创空间。

▶ **思考题**

1. 高校应如何开展创业教育？
2. 大学生应如何学习创业知识？